日本最強の言霊

大祓詞《おおはらえのことば》

すべてがうまくいく！
魔法の言葉

大野百合子
小野善一郎
（渋川八幡宮宮司）

徳間書店

ここは
大《お》祓詞《おはらえのことば》の故郷です。
歓喜の世界は
今ここにある。

渋川八幡宮

手水舎

磐座につづく道

渋川八幡宮境内にある磐座（いわくら）

境内左手には岩山があり、磐座が鎮座する

神社の境内は、歓喜の世界です。草木は言葉を発しなくても同じ「いのち」です

恵比寿大黒社

祖霊社

八幡宮の勝かえる若かえる

願掛けのかえる

小野善一郎宮司（左）と大野百合子氏（右）

大祓詞《おほはらへのことば》

高天原《たかまのはら》に神留《かむづま》り坐《ま》す　皇《すめらが》親《むつ》神漏岐《かむろぎ》　神漏美《かむろみ》の命《みこと》以《も》ちて　八百萬神《やほよろづのかみ》等《たち》を神集《かむつど》へに集《つど》へ賜《たま》ひ　神議《かむはか》りに議《はか》り賜《たま》ひて　我《あ》が皇御孫命《すめみまのみこと》は豊葦原水穂國《とよあしはらのみづほのくに》を　安國《やすくに》と平《たひら》けく知《し》ろし食《め》せと　事依《ことよ》さし奉《まつ》りき此《か》く依《よ》さし奉《まつ》りし國中《くぬち》に　荒振《あらぶ》る神等《かみたち》をば　神問《かむと》はしに問《と》はし賜《たま》ひ神掃《かむはら》ひに掃《はら》ひ賜《たま》ひて　語問《ことと》ひし磐根《いはね》　樹根立《きねたち》　草《くさ》の片葉《かきは》をも語止《ことや》めて　天《あめ》の磐座放《いはくらはな》ち　天《あめ》の八重雲《やへぐも》を　伊頭《いづ》の千別《ちわ》きに千別《ちわ》きて　天《あま》降《くだ》し依《よ》さし奉《まつ》りき　此《か》く依《よ》さし奉《まつ》りし四方《よも》の國中《くになか》と　大倭日高見國《おほやまとひだかみのくに》を安國《やすくに》と定《さだ》め奉《まつ》りて　下《した》つ磐根《いはね》に宮柱《みやばしら》太敷《ふとし》き立《た》て　高天原《たかまのはら》に千木《ちぎ》高知《たかし》りて　皇御孫命《すめみまのみこと》の瑞《みづ》の御殿《みあらか》仕《つか》へ奉《まつ》りて　天《あめ》の御蔭《みかげ》　日《ひ》の御蔭《みかげ》と隠《かく》り坐《ま》して　安國《やすくに》と平《たひら》けく知《し》ろし食《め》さむ國中《くぬち》に成《な》り出《い》でむ天《あめ》の益人《ますひと》等《ら》が　過《あやま》ち犯《をか》しけむ種種《くさぐさ》の罪事《つみごと》は　天《あま》つ罪《つみ》　國《くに》つ罪《つみ》　許許太久《ここだく》の罪《つみ》出《い》でむ　此《か》く出《い》でば　天《あま》つ宮事《みやごと》以《も》ちて　天《あま》つ金木《かなぎ》を本打《もとう》ち切《き》り　末《すゑ》打《う》ち断《た》ちて　千座《ちくら》の置座《おきくら》に置《お》き足《た》らはして　天《あま》つ菅麻《すがそ》を本刈《もとか》り断《た》ち

末《すゑ》刈《か》り切《き》りて　八針《やはり》に取《と》り辟《さ》きて　天《あま》つ祝詞《のりと》の太祝詞事《ふとのりとごと》を宣《の》れ
此《か》く宣《の》らば　天《あま》つ神《かみ》は天《あめ》の磐門《いはと》を押《お》し披《ひら》きて　天《あめ》の八重雲《やへぐも》を伊頭《いづ》の千別《ちわ》きに千別《ちわ》きて　聞《き》こし食《め》さむ　國《くに》つ神《かみ》は高山《たかやま》の末《すゑ》　短山《ひきやま》の末《すゑ》に上《のぼ》り坐《ま》して　高山《たかやま》の伊褒理《いぼり》　短山《ひきやま》の伊褒理《いぼり》を掻《か》き別《わ》けて聞《き》こし食《め》さむ　此《か》く聞《き》こし食《め》してば　罪《つみ》と云《い》ふ罪《つみ》は在《あ》らじと　科戸《しなど》の風《かぜ》の天《あめ》の八重雲《やへぐも》を吹《ふ》き放《はな》つ事《こと》の如《ごと》く　朝《あした》の御霧《みぎり》　夕《ゆふべ》の御霧《みぎり》を　朝風《あさかぜ》　夕風《ゆふかぜ》の吹《ふ》き拂《はら》ふ事《こと》の如《ごと》く　大津邊《おほつべ》に居《を》る大船《おほふね》を　舳解《へと》き放《はな》ち　艫解《ともと》き放《はな》ちて　大海原《おほうなばら》に押《お》し放《はな》つ事《こと》の如《ごと》く　彼方《をちかた》の繁木《しげき》が本《もと》を　焼鎌《やきがま》の敏鎌《とがま》以《も》ちて　打《う》ち掃《はら》ふ事《こと》の如《ごと》く　遺《のこ》る罪《つみ》は在《あ》らじと　祓《はら》へ給《たま》ひ清《きよ》め給《たま》ふ事《こと》を　高山《たかやま》の末《すゑ》　短山《ひきやま》の末《すゑ》より　佐久那太理《さくなだり》に落《お》ち多岐《たぎ》つ　速川《はやかは》の瀬《せ》に坐《ま》す瀬織津比賣《せをりつひめ》と云《い》ふ神《かみ》　大海原《おほうなばら》に持《も》ち出《い》でなむ　此《か》く持《も》ち出《い》で往《い》なば　荒潮《あらしほ》の潮《しほ》の八百道《やほぢ》の八潮道《やしほぢ》の潮《しお》の八百會《やほあひ》に坐《ま》す速開都比賣《はやあきつひめ》と云《い》ふ神《かみ》　持《も》ち加加呑《かかの》みてむ　此《か》く加加呑《かかの》みてば　氣吹戸《いぶきど》に坐《ま》す氣吹戸主《いぶきどぬし》と云《い》ふ神《かみ》　根國《ねのくに》　底國《そこのくに》に氣吹《いぶ》き放《はな》ちてむ　此《か》く氣吹《いぶ》き放《はな》ちてば　根國《ねのくに》　底國《そこのくに》に坐《ま》す速佐須良比賣《はやさすらひめ》と云《い》ふ神《かみ》　持《も》ち佐須良《さすら》ひ失《うしな》ひ

てむ　此《か》く佐《さ》須《す》良《ら》ひ失《うしな》ひてば　罪《つみ》と云《い》ふ罪《つみ》は在《あ》らじと　祓《はら》へ給《たま》ひ清《きよ》め給《たま》ふ事《こと》を　天《あま》つ神《かみ》　國《くに》つ神《かみ》　八《や》百萬 神等共《ほよろづのかみたちとも》に　聞《き》こし食《め》せと白《まを》す

神拝詞（神社本庁蔵版より）

本殿は群馬県の重要文化財に指定されている

渋川八幡宮の正面入口

【渋川八幡宮】

〒377-0008

群馬県渋川市渋川一番地

御祭神　応神天皇

建長年間（1249〜1256）に、渋川義顕《よしあき》の創建によるもので、鎌倉の鶴岡八幡宮を勧請したと伝えられている。渋川の総鎮守。

目次

第1章　大祓詞は魔法の言葉　大野百合子

第2章

なぜ大祓詞が大切な祝詞とされるのか

小野善一郎

第3章
大祓詞をあなたの人生に活かしてください

大野百合子
小野善一郎
〈対談〉

装丁　三瓶可南子
編集　豊島裕三子
編集協力　長谷川恵子
著者撮影　盛　孝大
CD録音　サウンドソムリエ　藤田武志

第1章

大祓詞は魔法の言葉

大野百合子

大祓詞は最強の言霊です

私たち日本人に悠久の時を超えて伝えられてきた祝詞《のりと》である「大祓詞《おおはらえのことば》」は、これからの変容と激動の時代を生きる私たちにとって、最強のマジックスペル、つまり**魔法の言霊《ことたま》**です。

アカシックレコードという言葉を耳にされたことはあるでしょうか?

レオナルド・ダ・ビンチや、シュタイナー、空海や日蓮といった叡智《えいち》の巨人たちが自由に出入りしていたという、この世界のすべての出来事と反応が記録されている「宇宙図書館」、「データバンク」です。

そこには個人から国家までの、そして地球のこれまでとこれからのすべての情報が記録されていて、誰もがみな、直感や予感といったかたちで、無意識にデータバンクに情報を出し入れしているのです。

きっと皆さんも、虫の知らせが当たったり、初めて会う人なのに懐《なつ》かしいと感じた体験をお持ちではないでしょうか。

私は、1990年代に、不思議なご縁でアメリカ人の哲学博士ゲリー・ボーネル氏と出会い、それ以来、ずっと一緒に古代の叡智を伝えるという仕事をしてきました。

ゲリーは臨死体験と体外離脱したことがきっかけで、8歳からアカシックレコードにアクセスして情報を読み取る力を持ったアカシックリーダーです。

彼は出会った当初から2011～2012年ごろから本格的にはじまる「統合の時代」について伝えていました。

アカシックレコードには、地上の人類の集合意識は1万3000年ごとに、分離している二元の意識と統合されている一元の意識の間をいったりきたりしているという壮大な物語が記録されています。今、まさに対立と分離の二元の時代から、すべてがつながり合い理解しあえる一元の時代へと移行しているまっ最中なのです。

【1万3000年ごとに訪れる意識の大変化】

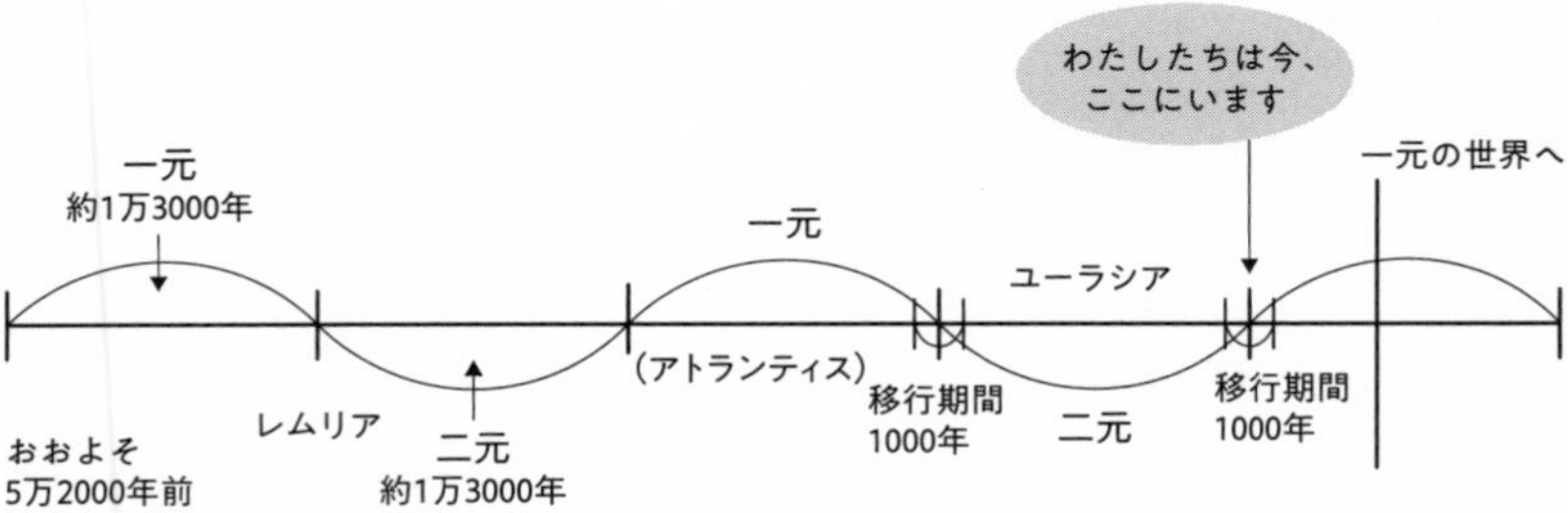

小野善一郎先生も、時代の大転換点という言葉で、今の時代を表していらっしゃいます。

ここでは、1万3000年以上前の、前回、前々回の統合の時代の叡智を記録している宇宙のデータバンクの情報を参照しながら、大祓詞がなぜ、今最も必要かつ有効なパワーを持っているのかをお話ししていきたいと思います。

なにしろ**唱えるだけで、いつのまにか内面にすごい変化をもたらす大祓詞**についての探求の旅へ、さあご一緒に出発しましょう!!

大祓詞ってなに?

大祓詞は、ご存じのように神道の祝詞です。

祝詞とは広い意味で神々と人との間のコミュニケーションツールであり、神道の儀式においては神々に感謝し、ご繁栄を願うとともに、そのご神徳により私たちの意図が叶うようにと奏上するものです。

祝詞にもいくつかの種類があって、大祓詞は、祝詞の中でも「祓詞《はらひことば》」の中に数えられます。つまり身についたいらないものをぱっぱと有無を言わせず払い落としてくれる祝詞です！

「祓ひのエネルギー」と最も近い日常の言葉は「お掃除」です。 ほうきできれいに掃き清められた参道の清々《すがすが》しさを思い出してください。

西洋の魔女はほうきにのって空を飛んでいるでしょう？ 私はかつて西洋の神秘的な儀式を体験したことがあるのですが、その時の司祭は、実際にほうきを使って、空中に扉を描いていました。ほうきに特別の力を与えていたのです。

古くから伝わる叡智は、古今東西を問わず、お掃除、つまり祓うことの大切さと、それがもたらす絶大な効果を理解していました。

祝詞という言葉がはじめて文献に現れるのは、『日本書紀』と『古事記』のよく知られている物語の中です。弟君の須佐之男命《すさのおのみこと》のあまりの行いに悲しみお怒りになられた天照大御神《あまてらすおおみかみ》は、天《あめ》の石屋戸《いわやと》に隠れておしまいになります。

その時、天児屋命《あめのこやねのみこと》が「天《あま》つ祝詞の太祝詞《ふとのりとごと》」を唱えたのが最初の祝詞だと言われています。

まさに、大祓詞に登場する太祝詞です。

祓詞は『古事記』や『日本書紀』に伝わる須佐之男命と伊邪那岐命《いざなぎのみこと》の禊祓《みそぎ》いがその起源と言われ、701年の「大宝律令」には、宮中における正式な年中行事となったことが記されています。毎年6月と12月の大祓ひの儀に、中臣氏《なかとみ》が唱えた祝詞が原型です。ただの祓ひではなく「大」のつく「大祓ひ」の名のとおり、**私たちのすべての「罪、穢《けが》れ」をさっぱりすべて祓い、リニューアルする強烈な力がある言霊です。**

なんと、1300年以上も、宮中で唱えられ、そして中世以降は全国の神社で奏上され続けてきた大祓の祝詞パワーをちょっと想像してみませんか。

古来の叡智によると、神道では**「直霊《なおひ》」と呼ばれる魂の世界は、時空を超える次元だと考えられています。**つまり、直線的に過去から未来へと流れている「時間」は存在していないのです。アインシュタインも、「時間と空間は私たちが考えだした概念にすぎない」と言っています。

としたら1300年以上前からありとあらゆる場所で、数えきれないほどの人々が唱えてきた大祓の言霊パワーは、そして未来に唱えられる大祓パワーも、すべてが「今、ここ」に集結しているということです！

あなたが大祓詞を唱える時、その言霊は、過去と未来すべての祓ひの力を発揮するのです。ただ、真摯《しんし》に誠実に純粋な気持ちで唱えればですが……。

異心という私たちの内なる光を覆い隠すもの

大祓詞の内容がどういうものかは、次章で小野先生がくわしく解説しておられますが、ここでさらっとお伝えしましょう。

大祓詞（口絵6ページ、165ページ参照）は前半後半に、二部に分かれています。

前半は、邇邇芸命《ににぎのみこと》が天上の神々、直接的にはおばあさまである天照大御神《あまてらすおおみかみ》の命をうけて、高天原から下り、豊葦原《とよあしはら》の瑞穂《みずほ》の国、つまりわが国を平定されました。

ところが、私たち人間がいろいろな罪穢《つみけが》れ、つまり葛藤をかかえるようになってしんどくなってしまったのです。そこで、儀式とともに天つ祝詞の太祝詞が唱えられました。

後半は、その祝詞を天津神《あまつかみ》も国津神《くにつかみ》もちゃんと聞いてくださり、ありとあらゆる罪が、まるで空を覆いつくす雲を力強い風がぜんぶ吹きはらうように祓われたこと。

そして、四柱の祓戸大神《はらえどのおおかみ》が連携して、私たちのすべての罪穢れを洗い流し、のみこみ、根《ね》の国底《くにそこ》の国《くに》に吹き飛ばして、消し去ってくださったことが表されています。

罪はツミで、自分をつつみ込む迷いや悩みや罪悪感など、天照大御神の分御魂《わけみたま》である私たちの内なる太陽を覆い隠してしまう黒い雲のことです。

また、穢《けが》れとは気枯れで、天地から溢れ、私たちの中を流れる「ご神気――生命エネルギー」を枯らす、同じく葛藤のことです。

神道では、この**私たちの内なる光を覆い隠す葛藤や悩みの雲を「異心《ことごころ》」と呼んでいます。**異心の反対の言葉は「真心《まごころ》」なので、感覚でよくわかるのではないでしょうか。

神道における大切なポイントは、「原罪」という概念を持つ一神教との違いです。

私たちは生まれながらにして、**神々とおなじ永遠の炎が自分という存在の大本に燃え続ける「神聖な存在」なのだということです。**

つまり、大祓詞を唱えるたびに、「天神地祇《てんじんちぎ》――天地すべての神々に守られて、私は悩みや思い煩い、苦しみから完全に自由になった！」と宇宙に向かって言霊を解き放っているのです。

言葉には霊力があります

日本は「言霊《ことたま》の幸《さき》わふ国」と言われ、はるか昔のレムリアそして縄文と呼ばれていた時代から、人々は口から放たれる声、**言葉は振動であり、そのバイブレーションが目に見えない次元に広がり、神々や精霊たちのサポートを得て現実化することを知っていました。**

言霊は「コト」と「タマ」にわかれ、コトは「事」、タマは「魂」や「玉」とも表記されます。

日本語には、忌《い》み言葉というものが存在するのをご存じですか?

たとえば結婚式に「切れる」という言葉は使ってはいけないとされていますし、「終わる」も縁起がわるいので、「お開きにする」と逆さまの言葉を使っていますよね。

忌み言葉でなじみがあるのは、美味しくて私も大好きな「するめ」。

これは、博打《ばくち》の時にお金を「する」という音につながるので「あたりめ」と言い換えられていますし、同じように、すり鉢は「あたり鉢」と呼ばれます。

また、最近は変わってきましたが、「死」につながるとされて、ホテルなどには4階のフロアはありませんでした。

このあたりを調べると本当に面白く、いかにご先祖さまたちが言霊の持つ強烈な霊的パワーを知り、しかも恐れていたかが伝わってきます。

伊勢の斎宮でも伊勢神宮にご奉仕するために、804年の『皇太神宮儀式帳』に記された斎宮忌詞《さいくういみことば》が残されています。斎宮は伊勢神宮に奉仕するため、神々に配慮して、不浄な言葉や仏教的な言葉を言い換えているのです。

「言葉には霊力がある」という叡智が私たちの日常に深く浸透していることは、大祓詞を唱える時にもすばらしい効力を発揮することでしょう。

アカシックレコードによると、日本語は特別な言語です

　このように、幸いにも島国である我が国は他国からの影響をそれほど受けることなく、ほとんどが同一民族という環境下で、この古代の「和の叡智」がDNAを通して日本の集合意識の中に流れ、私たちも肉体の潜在意識レベルで自然に受け入れています。

　アカシックレコードによれば、日本語は数ある言語のうちでも特別だと記録されています。言葉は古語で「九十波《ことは》」と書いたそうで、波――バイブレーションそのものです。

あいうえおの五つの母音は、天（魂《こん》）のエネルギー、子音は大地（魄《はく》）の波動です。

日本語はすべての音に母音が含まれていて、母音が大本の宇宙のエネルギー、子音は大地、地球のエネルギーと共鳴します。

　言霊の思想は大変深くて一音多義と言われ、「あ」という音だけでも、ありとあらゆる意味を持つ波動を放ち、一音一音が神だとされています。

空海もその「声字実相義《しょうじじっそうぎ》」の中で、「真言に含まれる一つ一つの言葉、一つ一つの語、一つ一つの文はそれぞれ無限の意義と道理を備えている」と伝え、彼の創始した真言密教では、声と音、言葉の中に大日如来《だいにちにょらい》そのものの実相が含まれるとしています。

私も言霊に精通しておられる宮崎貞行《さだゆき》先生や、ヨーガの成瀬雅春《なるせまさはる》先生から、母音のウオアエイのみを体に響かせる真言《しんごん》ワークを体験させていただきましたが、意識の拡大と気の流れを促進させるすばらしい効果を体感しました。

私の古神道の師である古川陽明《ようめい》先生は、「はらい」ではなく「はらひ」を使うように、また「はらえ」よりも、「はらひ」は自らを祓う「自祓ひ」のエネルギーが強くなると伝えておられます。

「ひ」はひふみの「ひ」、大本の火のエネルギーであり、直霊《なおひ》の「ひ」、小野先生がおっしゃる「いのち」のことなのです。ですから、私は本章でも「祓ひ」を使っています。

普通おしゃべりしている言葉が、単語のみに力があるだけでなく、音そのものに神々の世界にまっすぐに届くパワーがあることを知れば、口にする言葉は決しておろそかにできないと身がひきしまります。

この本を読んでくださっている皆様は、少なくとも日本語を読んで、話せる方だと思いますので、それだけでこの新しい時代に、トラックの何周も先を走っているのだとゆったり安心してください。

日本は「調和——ハーモニー」を体現する国

さらに私たちは、言霊のパワーを潜在意識で理解しているだけではなく、**「森羅万象《しんらばんしょう》に八百万《やおよろず》の神々が宿る」**という古代の叡智の基本中の基本の考えが肉体レベルにインストールされているのです。

私たちの肉体も含めて、一つの大本の意識エネルギー、神道では**「天之御中主《あめのみなかぬし》」と呼ばれる神様から、すべてが生まれた**という感覚がどこかにあって、山や樹木の自然はもちろんのこと、針やお箸などの使う道具に至るまで、全部神聖だということを知っています。

人形供養や針供養など、捨てる時にも感謝して供養する習慣も根づいています。

縄文といわれる時代のはるか昔から、神道には教祖も教義も、聖書のような基本文献もありませんでした。ただ前の世代から次の世代へ、言葉と行動で実際に伝えられ、日本という国の集合意識の中に、「和」のエネルギーが確立されたのです。

すべてが神聖であり、同じものから生まれているのだから、調和するのは自然です。

それぞれの民族、国はある一つの価値を表現していると言われていますが、日本という国は、「調和――ハーモニー」を体現する国です。

ちなみにアメリカ合衆国は「自由」を体現する国と言われています。

そして、はじめに申し上げた今起きている大きな変化の中で、実は私たち人間の体のエネルギーにも大きな変化が起きているのです。さあ、どのような変化でしょう。ますます、楽しみになってきたでしょう?

天津神のエネルギーである「魂―Soul」と国津神のエネルギー「霊―Spirit」

それでは、なぜ口にした言葉が現実のものになるのでしょうか。ここを理解しておけば、ますます言霊の力を使いこなすことができるようになります。

でも、それにはまず古代の叡智、オリジナルの神道に伝わる「私たち人間とはどういう存在なのか」を知る必要があります。

古代の叡智が伝える私たちとは、『古事記』の最初に描かれているように、天に属する天津神のエネルギーである永遠不滅の「魂―Soul」と、地球の大地に属する国津神のエネルギーである肉体の意識「霊―Spirit」が、本能と直感を備えた骨も皮もある実際の「肉体―Body」に宿っている存在なのです。

魂も霊も、目に見えないエネルギーです。

魂は天から下り、豊葦原《とよあしはら》の瑞穂の国であるこの地上をどのようなところか、観察するために降り立ちました。
霊は御祖《みおや》の大神《おおかみ》と呼ばれるご先祖さまとつながり、種や自分の肉体ができるだけ長生きできるように「進化」を司《つかさど》り、次世代へ生き残り戦略を伝えています。

どこにハナカマキリがいるのでしょう

花の蘭そっくりのカマキリがいます。
動物や植物の擬態《ぎたい》や共生といったすごいサバイバル戦略を見ると、霊の叡智のすごさが少しだけ理解できるのではないでしょうか。私たちの霊は、進化しながら地上のありとあらゆる形体、植物や動物に宿り、最終的に今のあなたの肉体に宿ったのです。

催眠療法を使うと、自分の霊が人間になる前にどんな動物に宿っていたかを体験することもできるんですよ。

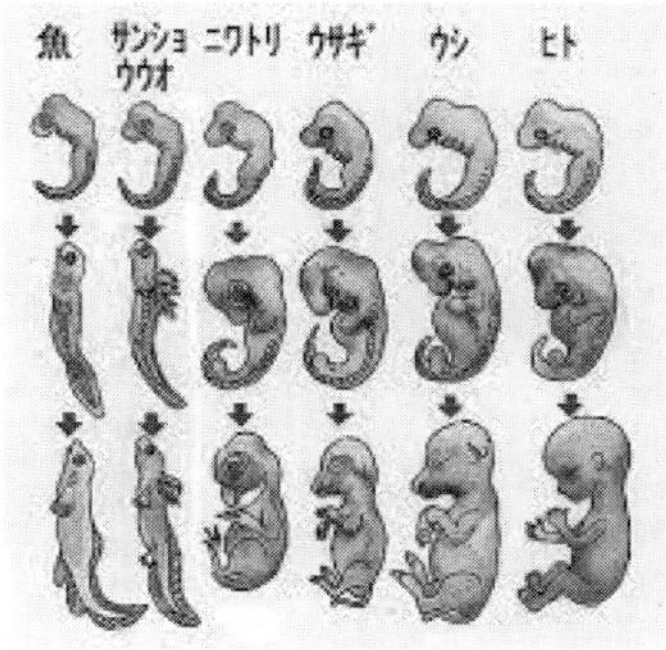

魚や動物の胚と人間の胚は、発生の初期には区別はほとんどつかないほど似ています

そういえば、赤ちゃんはお母さんの子宮の羊水という海の中で、二つの細胞からどんどん体が形成されていく過程で進化の歴史をたどると言われています。

胎生学という、胎児を研究する学問がありますが、魚や動物の胚と人間の胚の区別はほとんどつきません。私たちの霊は、この地球体験の膨大なデータを携えているのです。

神道では、地球生まれの霊と肉体の二つはひっくるめて「魄《はく》」と呼ばれています。

魂と肉体が完全に統合することを、魂魄一如《こんぱくいちじょ》や神人合一と言います。

私たちが生まれてきたこの人生の目的は、生きている間に魂と肉体の意識を統合すること、つまり**「本来の神聖な自分自身に完全に目覚めること」**です。

神道における「鎮魂《ちんこん》」とは、自分の体から遊離してしまっている魂をしっかりと丹田《たんでん》におさめるという意味なのです。

永遠の魂がどーんと丹田におさまるなら、怖いものはいっさいなくなるでしょう。

永遠不滅の宇宙の叡智を秘めた分御魂《わけみたま》が、地球のすべての叡智を含めた魄とコラボレーションしている私たち人間は、ものすごくパワフルな存在なんだということが、少しでもお伝えできたでしょうか。

神道が伝える世界観とチャクラはまったく同じです

では、どのポイントで魂と霊は肉体に宿るのでしょう。

あなたといういのちが受胎した瞬間、この宇宙で唯一無二の光が放たれ音が響きます。

その「コール」というバイブレーションにあなたの魂《ソウル》と霊《スピリット》が引き寄せられ、霊はお母さんのお腹の中に受精卵が着床したら、遺伝子をオンにしたりオフにしたりしながら、肉体の形成を助けていきます。

今までの体験からの情報を新しいボディにこうして伝えていきます。

魂のほうは強烈なエネルギーなのですぐには胎児に宿ることができず、エネルギーをつなげた状態で、霊が肉体を完成させるのを待ちます。

妊娠期間のあとのほう7か月以降生後3日までの間に、胸腺からするすると肉体の中に入り、14万4000個もある魂細胞は、均等に体へとひろがっていきます。この魂の細胞の場所が、俗にいう「ツボ」で、生命エネルギーが出入りする場所となっています。


魂のエネルギーと肉体のエネルギーをつなぐこの交点は**「チャクラ」**とも呼ばれ、最も主要な7つのエネルギーセンターは背骨に沿って位置しています。

下の3つのチャクラが肉体意識を、上の3つのチャクラは魂意識のほうを司り、天地、上下、魂魄のエネルギーをつないでいるのが、真ん中のハートのチャクラです。


皆さんは丹田という言葉をご存じですか？　丹田は複数のチャクラをまとめているエ

ネルギーの中心ポイントです。

すごくシンプルに言うなら、肉体に宿っている私たちは3階建て構造になっていて、地下が潜在意識、真ん中が顕在意識、上の天界につながっている部屋は超意識です。

これは神道が伝える世界観とまったく同じです。

地下は、根の国底の国、真ん中は豊葦原の瑞穂の国、そして上の部屋は高天原です。大祓詞にこの3つの国が登場しているのを覚えていらっしゃるでしょうか。

それぞれの部屋とつながっているのが、下丹田、中丹田、そして上丹田の3つのエネルギーセンターで、下から上へ、おへそから指3本下、胸の真ん中、頭の中心の松果体《しょうかたい》のあるあたりにあります。

下丹田のエネルギーは行動に現れ、中丹田は感情や気持ちを司り、上丹田は考えや信念の領域を引き受けています。

普段から、考えていることと、感じていることと、行動とが、矛盾なく一つのことを

7つのチャクラ

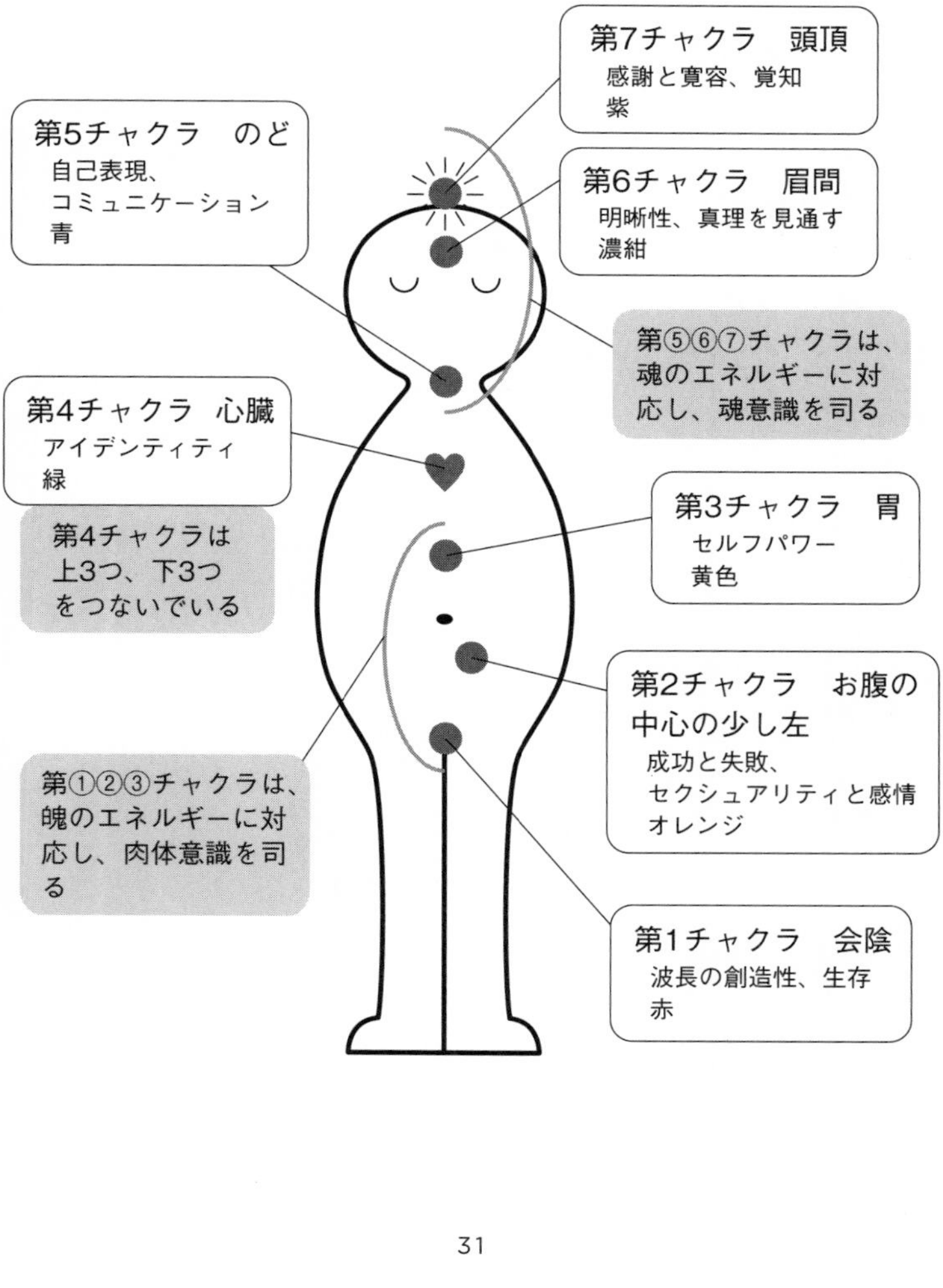
第7チャクラ　頭頂
感謝と寛容、覚知
紫
第5チャクラ　のど
自己表現、
コミュニケーション
青
第6チャクラ　眉間
明晰性、真理を見通す
濃紺
第⑤⑥⑦チャクラは、
魂のエネルギーに対
応し、魂意識を司る
第4チャクラ　心臓
アイデンティティ
緑
第4チャクラは
上3つ、下3つ
をつないでいる
第3チャクラ　胃
セルフパワー
黄色
第2チャクラ　お腹の
中心の少し左
成功と失敗、
セクシュアリティと感情
オレンジ
第①②③チャクラは、
魄のエネルギーに対
応し、肉体意識を司
る
第1チャクラ　会陰
波長の創造性、生存
赤

表現しているなら、「神人合一」状態達成でOK！

でも、言いたいことを我慢していたり、嫌いな人に向かってニコニコと心にもない対応をしていたとしたら、うちなる天照様の太陽が黒雲で覆い隠されている証拠。

そうだったら、まず大祓ひを唱えてみましょう。

日本古来の「本音と建前」を使いわけるスキルに、そろそろ時代遅れのレッテルを貼ってください。


自分が住んでいる3階建ての広大なお屋敷（神聖ですから神社や神殿と言えますよね）を探検して、今「これが私」と思っているおそらくとっても狭い部屋のドアをバーンと大きく開いて、地下に続く階段を思い切って降りていきましょう。

それから宇宙へとつながる秘密の、そして無限に広がる屋根裏スペースへつづく螺旋《らせん》階段をどんどんのぼっていってください！

豊葦原の瑞穂の国の境界線がどんどん広がって、高天原も根の国も「今・ここ」に在《あ》る聖なる壮大なスペースがあなたの家となるように。

無限そのものがあなた自身です！

あと一つ、気づいていただきたい視点があります。

「天はどこ？」と聞かれたら、私たちは間違いなく頭の上の空を指さします。

でも、日本の地面をどんどんどんどん深く掘っていって、反対側に出たら、そこはブラジルです。

ブラジルの人たちは日本とは逆さまに立って、頭上の天空を見上げているのです。私たちも、自分の内側の世界を肉体意識／潜在意識の地下にむかってどんどんどんどん掘っていくなら、結局、行き着く先は高天原です！

陽を極めれば陰、陰を極めれば陽。

高天原の魂は陽のエネルギー。根の国の肉体のエネルギーは陰のエネルギー。陰陽は同じコインの裏表です。メビウスの輪が象徴する**無限そのものが自分自身であることを、感じましょう。**

最後にもう一度おさらいです。

なぜ、言霊を放つとそれが叶うのか？　天津神の分御魂の魂が、地上の物質エネルギーに、声（波動）をつかって純粋に直接指令をくだすなら、八百万の神々や眷属《けんぞく》、精霊たちが応援の手を必ずさしのべ、必ず現実化します。

時には思いもかけないかたちで！

なぜ、今大祓詞を唱えるの？

ここまで読んでくださった方は、大祓詞の核となる中身と、唱えたらなにが起きるのかをだいたい理解してくださったのではないでしょうか。そして、そこに宿る神秘的な言霊のパワーのことも。

少し前に、今私たちにエネルギーの変化が起きているとお話ししました。実は人類のエネルギーフィールドは、史上はじめて大きく変わりはじめています。

人間の肉体のエネルギーは下3つのチャクラ、魂のエネルギーは上3つのチャクラが司っていて、それをつなぐのがハートのチャクラだと前述しました。

でも、アカシックによれば、今そのつなぎ役がハートから一つ上の喉のチャクラへと移動しつつあるのです。

繰り返しになりますが、1万3000年ごとの分離のエネルギー、二元のエネルギーが終息し、2012年をさかいに一元のエネルギーに完全変容し始めています。

二元とは陰陽、正邪、善悪、目に見えない次元と目に見える次元、魂と肉体も二元性です。魂と肉体が統合されていくにつれ、上のチャクラへと魂魄《こんぱく》統合の中心が移っていき、500年後は、目覚めた人たちばかりの世界になります。

自分が実現したいものを意図するのが魂で、肉体のほうの魄はそれを物質化する物理

的なエネルギーを表します。魂魄をつなぐ場所が、声を発する「意志のチャクラ」の喉のセンターになってきたのですから、自らの異心《ことごころ》さえ邪魔をしなければ、自分の人生のクリエイターである私たちが、**真摯にピュアな言霊を宇宙に放つなら必ず叶うという時代が今なのです。**

あらためて皆様に質問です。

「あなたは今、人生を楽しんでいますか？」

もちろん、人間ですから、気持ちの波はあってあたりまえ。私もこの間、右足の小指をしたたかタンスの角にぶつけ、靴を履くたびにおもいのほか痛んで、結構落ち込みました。生まれて初めての骨折だったかもしれません。

けれども日常レベルで人と関わる中で、傷ついたり、しんどかったり、怒りがわいてきたり、自分を責めたり……、あるいはいやな仕事を無理矢理こなしていたり、将来がとても不安だったり、過去の出来事をずーっと引きずったりしていたら、あなたの太陽を覆い隠す黒雲を吹き飛ばす時です!!

自らが放つ波動は、その波動と同じものが自分に返ってきます。

有名な「引き寄せの法則」です。

自己否定や犠牲者意識のエネルギーを放っていれば、ますます自分を否定したくなるような、ますます犠牲を強いるような出来事を引き寄せてしまうのです。

この宇宙の大転換のタイミングで、真の自分自身を覆い隠している異心を祓うことが最も重要であり、そのためのもっともシンプルで、かつ、誰にでもできる強烈な祓ひこそが大祓詞です。

大祓詞を喉《のど》のチャクラを使って、声に出して読むことは誰でもできますし、なんの準備もいりません。ただ、唱える前には、すっと背筋をのばし、気持ちの中で、天地をつなぎ自分の氣を整えることを習慣にすると、もっともっと浄化エネルギーがパワーアップします！

「命もち」ってなんでしょう？

大祓詞の最初は、こんなふうにはじまります。

高天原に神留《かむづま》り坐《ま》す　皇親《すめらがむつ》神漏岐《かむろぎ》　神漏美《かむろみ》の**命《みこと》以《も》ちて**

この「命もち」ってなんでしょう？

わたしは長年、古来の叡智と統合催眠療法を併用して、来てくださる方が本来の自分自身を取り戻すお手伝いをしているのですが、催眠療法を受けてくださる方のほとんどが、「今生きているこの人生の目的はなんでしょうか？」とお聞きになります。

なんのために生まれてきたのか。

これが、大祓詞の最初にでてくる**命もち**です。

命もちは、天からの御言《みこと》を受けて命をこなすという意味です。

邇邇芸命《ににぎのみこと》が**命《みこと》もち、**つまり使命を受けて豊葦原の瑞穂の国に天降《あまくだ》ったように、私たちは今世、自分の使命はなんだろうと思い、すべきことがあるならぜひ全うしたいと思います。

命《みこと》イコール御言《みこと》であり、御神名につけられる命や尊という言葉も、元は「御言」で言霊そのものです。

統合催眠療法では、前世の体験をしていただくことも多いのですが、そういう方には、一つの人生の死を迎えたあと、中間世を通って、今の人生の生まれる前に誘導します。そこは少し淡い光に包まれた場所のイメージです。

催眠誘導によってα波やθ波のように脳波がさがった状態になると、意識の3階建ての建物の床や天井や屋根がぱ〜っと取り払われ、潜在意識や超意識と日常の私が自由に交流できるようになります。

夜、夢を見ることがあるでしょう。夢の世界も3次元の自分の部屋の扉をあけて入る、お隣の部屋のようなもの。目が覚めると今まで見た夢を忘れてしまうのは、間の扉が閉まってしまうから。催眠で体験する過去世や未来の体験は、ちょうど夢を見ている時のような脳波の状態だと思ってください。

脳波がさがると、いわゆる夢の次元も含めた多次元世界の扉がひらくのです。

「もうすぐ、この人生の◯◯さんとして、日本に生まれようとしています」
「この人生で、あなたが一番体験したいことはなんでしょうか？」

催眠下の方にそう問いかけると、おどろくことに返ってくる答えのほとんどが、**「この人生を楽しむこと」**なのです。

直霊《なおひ》といわれる魂の波動は「よろこび」と表現すると一番近いので、本来の自分自身の波動を表現するとうれしいし、楽しい！ということを、古代の叡智をまったく学んでいない方も、ちゃんと知っているのだと感動します。

人として生を受け、地球に生きる私たちの命もちは、分御魂《わけみたま》であるこの宇宙で唯一無二の波動である**「自分」を思いっきり表現することだけ！**

実にシンプルでしょう？

つけくわえるなら、魂の波動に一番近い波動を持つもう一つのエネルギーは「感謝」です。ですから、なにげなく日常で使う「おかげさま」という言葉は、まさに魂意識に直結しているわけで、ここでもやまとの言葉には秘密のパワーが隠されていることがわかります。

今、自分が本当に何をしたいのか、わからなくなってしまったという方にもたくさん出会います。大祓詞は、自分自身の命もちにつながる一番のショートカットです。

祓おう異心！

さあ、今すぐ異心をパッパッと祓いましょう！　といっても異心、つまり自分が抱える葛藤のことをもう少し理解しておくと、祓戸の大神さまたちのお仕事が楽になります。

異心の代表選手は、「自己否定」「不信感」「比べる心」「傲慢さ」「孤独」でしょうか。

不信感は疑う心ともいえますし、ほとんどの人は、誰も自分をわかってくれないと感じています。これら五要素をすべてをひっくるめると究極**「私ってかわいそう」という自己憐憫《れんびん》、犠牲者モードであり、底の底にあるエネルギーはジャッジメントです。**

ジャッジは、対象が自分であれ、他者であれ、世界であれ、批判・非難という裁《さば》きのエネルギー。

両極のある世界だからこそジャッジするわけで、一元の世界はそもそもジャッジする対象さえありません。

でも、永遠モードの魂と、サバイバルモードの肉体という両極のエネルギーを備えた人間だからこそ、**「死への恐れ」**がスタートした生まれた瞬間から、ジャッジをしないでは生きて行けないしくみになっているから仕方ありません。

他の哺乳動物とちがって人間は未熟児で生まれ、親の世話を受けながらやっと1年前後に歩きだせるようになります。

初めて肺を使って息をする最初の瞬間から、ボディはお母さんとつながらなくては生きていけないことを知っています。

肉体は生き残りのプロ。直感（腹感覚）をもたらしてくれるすばらしい本能を備え、「快」と「不快」をしっかりと識別します。

赤ちゃんにとって、「快」は生き残れる安心、「不快」は死と直結しています。

どの瞬間も、生きるか死ぬかの両極端の中にいるのです。

肉体の波動は7年ごとに変わります

人の肉体は、全細胞が完全に新しく入れ替わるのに7年かかるそうです。

7年ごとに、肉体の波動が変わるわけです。

0歳から7歳までの最初の7年間、動物としての本能は「どうすれば生き残れるのか」を文字通り必死でさぐります。

こんなふうにすればお母さんが笑ってくれた。こんなことをしたら怒られた。試行錯誤しながら、育ててくれる人たちのご機嫌をとりながら、生き残れる可能性を大きくしていくのです。

私たちは「愛されれば生き残れる」という根本の生き残り戦略を抱えています。

これを心理学では「承認欲求」といい、他者から認められることで身の安全を守ろうとしているのです。見捨てられることは死ぬことであり、ひとりぼっちになることは恐怖です。人間も社会的動物、群れをなす動物ですから、たった一人では生きていけないことを知っているのです。

ただ、「承認欲求」というのはちょっとひねくれていて、「悪いことをして怒られること」も、関心をひくことができたという意味で、認めてもらったことと同じです。

愛の反対は無関心だから。大好きと大嫌いは、同じコインの裏表なんですね。

あとは、競争意識、人と比べる意識も人生最初の期間に潜在意識にはいってきます。勝てば生き残りやすいからです。あの人のほうが優れている、私はここがダメだと、ついついなんでもかんでも比べてしまうのも本能の一部です。

アメリカのデューク大学の研究では、7歳よりもっと幼い5歳までに「人の心理反応パターンが95％決まる」ということが報告されています。

「三つ子の魂百まで」という諺《ことわざ》は本当なのです。

7歳までに刻み込まれる「どうしたら認められるのか」という戦略

30ページで、自分という意識構造を3階建ての建物にたとえましたが、ここでは魂と霊と体の三位一体のしくみを、「魂」と「霊」のカップルが「肉体」という最新型の車に乗っているとたとえてみましょう。

お釈迦《しゃか》さまのように、生まれた時から悟っている人もいますが、一般的には生まれてすぐ、肉体というスーパーカーのハンドルを生き残り担当の霊が握ります。

考えてみれば、7歳前後になると永久歯が生えてきます。日本にいれば修学年齢で、私たち、だいたい小学校1年生の記憶はありますよね。そろそろ一人で出かけられるようになるころに、霊の背中を魂がつつき始めます。

霊はまだハンドルは手放してはいませんが、魂は後部座席から助手席に移動して、運転の仕方や行き先に口を出し始めるイメージです。

7・8歳ぐらいから、ガラッと性格が変わったという方はいらっしゃいませんか？　実は私がまさにそのケースで、それまでお母さんの背中にかくれて、超がつく人みしりだったのですが、小学校3年を終えるころには、なんとなく男の子に命令していたような……（笑）。一つ前の過去生から持ち越してきた体の不具合なども、小学校中学年あたりからだんだん症状が消えていくということもあります。

子供のころ喘息《ぜんそく》だった人が、中学にはいるころにはいつの間にか治っているというケースも肉体のエネルギーが入れ替わっていくとともに、魂エネルギーが表にでてくるからなのです。

ただ私の性格の土台にある人みしりは、信じがたいかもしれませんが、まだ消えずにちゃんと残っているんですよ。

7歳までに培《つちか》った人生の運転スキル、一人ひとりの生き残り戦略は前頭葉の完全な発達とともに、深い潜在意識、細胞のレベルに刻まれます。

だからこそ、ややこしいのです。

潜在意識、細胞意識レベルで、一生を支配するパターンが刻み込まれてしまうのですから。しかも「どうしたら認められるのか」という完全他人軸ベースのパターンです。

母親の感情エネルギーを取り込んでしまうと……

次の全細胞の総とっかえ完了は14歳前後ですが、このタイミングでそろそろ霊から魂へとすこしずつバトンタッチが始まります。

14歳といえば思春期で、ホルモンも変化すれば、精神も大きく変化します。なんのために生まれてきたのか、哲学的な問いが内側から出てくる時期です。

昔は元服の年齢で、主に関西には現在でも「十三参り」というお祝いが残っていますし、海外でも先住民とよばれる人々の男子はこのころ大人の男になるための通過儀礼が行われ、象徴的な「死と再生のプロセス」を体験していました。

イニシエーションは危険や痛みをともなうもので、獲物をたった一人で獲りに行ったり、高いところから飛び降りるなど厳しいものも多く、精神的な自立は否応なく自覚されたでしょう。

このあと、悟りを開いた両親にずっと育てられてきたなら、21歳で完全に永遠の魂がハンドルを握り、28歳までにはすでに悟っているはず……なのですが、なかなかそうはいきません。

7歳までにかなり厳しい環境に置かれると、サバイバルモードスイッチは切れることなく、霊が運転席に居座り「ハンドルを絶対はなさないぞ状態」が死の直前まで続くことになります。

問題は、感情を司る潜在意識に潜むパターンが生き残りの「他人軸パターン」だということです。魂的には絶対に右に行きたいのに、しつけられた安全な方向は左だとしたら、当然葛藤します。

あと幼いころに取り込んでしまった葛藤の種はもう一つあるのです。

生まれたばかりの赤ちゃんは、「快」「不快」のアンテナは鋭いのですが、まだ自他の意識的な完全分離ができていません。どこまでが自分でどこまでが自分じゃないかを、おもちゃを放り投げることでおもちゃと自分は別のものだと学習します。

感覚は誰よりも発達しているので、すべてが自分に関わると思い込みます。

何が起きるかというと、長年の催眠療法の臨床経験からも実感するのですが、幼いころ、私たちは、身近な存在、ほとんどが両親のどちらかと感情的にも同調してしまうことがよくあるのです。

お母さんが泣いているとすると、その悲しみを自分のものとして取り込んでしまいます。取り込むことで、無意識的に母親を助けようとするのです。また真似することで、愛されようとするとも解釈できます。母親は自分のいのちの源なのですから。

すると、成長しても、母親の感情のエネルギーや思考のパターンを自分のものとして取り込んでしまったままです。

飼い主とペットの間にも同様なことが起きるので、私の母の猫のくぅちゃんは、母と同じように関節に問題が起きて、足を引きずっていました。

取り込んだ思考や感情は、当然自分自身のものではないので、葛藤を起こします。

大祓詞の言霊パワーは、なんの葛藤かをまったく認識していなくても、まっすぐにエネルギーに働きかけます。ただ、異心の形成のしくみを理解していれば、ふとした時に、「ああ、これって母親のパターンだったんだ」とわかる時もあるでしょう。

それは地下室を意識的に大掃除することになり、祓ひのプロセスは驚くほど加速します。

今、人生を楽しめていないなら、まだ内なる天照大御神はあなたという存在の奥の岩《いわ》屋戸《やと》の中に隠れています。

ではそろそろ、実際に大祓詞を唱えてみませんか。

どうやって唱えるの？

祝詞《のりと》は神主さんだけが唱えるものだと思われている方も多いのですが、どこでも、誰でも唱えることが許される、そして自らを祓う最強のツールです。

祓ひには大きく分けて、「他祓ひ」と「自祓ひ」があります。

自分以外の存在に祓ってもらう時は「他祓ひ」、自分で自分を祓うことを「自祓ひ」といいます。

自分自身で唱える大祓詞《おおはらえのことば》は、もちろん「自祓ひ」です。

もう一つの分け方は「外清浄」と「内清浄」。水をかぶるなど外側から清めることが「外清浄」で、呼吸や言霊など自分の内側から清めるものが「内清浄」です。

私は伊勢や吉野の川で禊《みそぎ》をしましたが、流れる冷たい川の水に胸まで浸かりながら、大祓詞を唱えるのです。これは内外を同時に清める強烈なクレンジングです。

そして、唱える時の心持ちは、「無心」。

一文字一文字に神霊が宿る言霊を、丁寧に心を込めて**「ただ唱えよ」**と言われています。

例えば、すてきな恋人に出会えますようにとか、〇〇の試験に合格しますように、あるいは、病気が治りますようにと具体的な願いを心に持ちながら、その目的を達成するために唱えるのではありません。

「あれっ」と思われましたか？　先ほどから、この言霊を唱えれば、思いが叶うとずっと書いてきたのにと。

大祓詞を唱えれば、本来の自分の純粋な意図を邪魔する異心が祓われるのです。

そうすると、心底からの真の望みが現れ、それが自然に叶い始めます。

まずはただ無心に、大祓詞を唱え続けてください

たとえば、自己価値が低い状態で、異心の雲に御魂が覆われていると、自分の中の「欠けている部分」を埋めるためのものを望んでしまうことが多いのです。

表面的に自己価値を高めるかに見える高価な装飾品や車などです。

あるいは、本来の自分が望んだ分野の資格ではないのに、親の望みと期待を自分の望みだと思い違いをすることもあります。

ずっと毎日、無心に大祓詞を唱え続けると、何かを埋めるためではなく、自分が本当に表現したいものが何かに気づきはじめ、やりたいことや望んでいることが明らかになります。魂霊体のバランスがとれ統合していくことで、命もちとつながれるからです。

心の内なる戦争が終わり、詞どおり、「平けく安らけく」なっていきます。

まずは、ただ無心に唱え続けてください。
その意図は雲を祓う「祓ひ」そのものです。
そして、唱えているうちに、自分の身体感覚の変化を意識しておきましょう。
一文字一文字に深い意味があることを知り、丁寧に心をこめて唱えましょう。

古代の叡智は、基本的に言霊は節をつけずに、モノトーンで唱えるように伝えています。この次元を満たしている「目に見えない氣のエネルギー」はゼリーのようなもので、そこを声の波動がクリアに全方向にまっすぐに伝わっていくようにです。
ただ、基本はそうなのですが、自分が唱えていくうちに一番しっくりきて心身が集中する唱え方なら、それが一番だと思います。

唱える場所はどこがいい？

唱える場所は、ご自身が唱えたい場所ならどこでもかまいません。

集中することができて、周りに迷惑をかけないところであれば。神社や祠《ほこら》の前、大自然の中や、太陽を拝せる場所など自由です。

そして、毎日習慣にして唱えるなら、家の中が一番続けやすいでしょう。

神棚のあるお宅なら、その前で唱えます。でも神棚がない場合、ぜひ、小さくてもよいので、「自分の聖なる場所」を作ってください。

家族がいるなら、部屋のコーナーでもかまいません。あなただけの神聖なスペースを作ることはとても大切です。

神社のお札を置くならそこは、立派なパーソナル神社になります。壁掛け式の簡易なお札置きもあります。榊《さかき》やお花をかざったり、お気に入りの石を置いたり、そこを自分にとっての特別な場所として、日常のエネルギーから聖別しましょう。

常に置いておくのが無理であれば、瞑想する時や祝詞を唱える時だけ小さな布を広げて、何かあなたにとってのシンボルを置いたコーナーでも構いません。

楽に心身を整えるためには、**毎日同じ場所で、できれば同じ時間帯に唱えると、場の**

エネルギーが形成され、神聖な波動が定着します。

整えられた神社の境内の清々しい氣を感じられたことがあると思いますが、あの清明な波動を日常、生活する場でも感じられたらすてきだと思いませんか？

その場所に立っただけで、魂魄《こんぱく》が統合される感覚を得られるようになります。

神道の呼吸法がおすすめです

大祓詞を唱える前に、神道の呼吸法を行えば、心身の準備は万端です。

ここでは呼吸法を2種類ご紹介します。

呼吸は「風の祓ひ」であり、「自祓ひ」の「内清浄」です。

普通の深呼吸でも良いのですが、古来日本に伝わる古神道の呼吸法は大変効果的ですので、おすすめです。時間がなければ、ゆっくり大きく一呼吸だけでもかまいません。

どちらの呼吸法も腹式呼吸で、**肺を下から上まで全部使って呼吸することがポイントです。**

息《い》吹《ぶき》永《なが》世《よ》の呼吸法

◆一度、身体中の息を吐ききってからスタートする。

◆腹式呼吸で、鼻から息を吸い、口から細く長くゆっくりと長く吐く。
この時、口笛を吹くような唇の形にして吐く。

◆吸う時には、全身の皮膚から純粋なご神氣を丹田に取り入れるイメージ。

◆吐く時には、不要なエネルギーを全部解放する↓**解放**。
または、取り入れたご神氣で、全身の細胞を満たすイメージ↓**活性化**。

慣れてくると、2分間で3回、一呼吸40秒ぐらいでできるようになります。

火水の呼吸法

舌の先を上顎につける。
鼻からすって鼻から吐く。常に純粋なご神氣を吸い込むイメージで行う。
◆一度、身体中の息を吐ききってからスタートする。
◆腹式呼吸で、会陰と呼ばれる足の間から背中の中心を通って頭頂まで息を吸う。
◆ゆっくりと息を吐きながら、体の前、正中線を通って会陰まで息を吐き出す。

この呼吸法はどちらも魂魄の統合を促し、心身が鎮まります。
呼吸をするだけでも、すばらしい「風の祓ひ」が起きています。

それでは祝詞の唱え方を以下にまとめてご紹介します。

大祓詞奏上のしかた

できれば毎日、同じ場所、同じ時間に唱えるのが望ましいです。
祝詞を唱える前に呼吸法で準備を整えます。
意識的な呼吸を、1回のみでもかまいません。

小揖《しょうゆう》（15度の礼）
三歩すすみ祭壇の前へ（左右左）
深揖《しんゆう》（45度の礼）
二拝（90度の礼）
二拍手
大祓詞奏上

二拍手
二拝
深揖（45度の礼）
三歩退がる（右左右）
小揖（15度の礼）
自宅で行う時は、太字の部分のみ行います。

はじめは手に大祓詞をもって奏上しますが、何度も唱えているうちに暗記できるようになります。長いですが、早い人で3か月、だいたい1年唱え続けていると頭にはいります。

大祓詞は物語になっているので、ストーリーを追い、イメージを使って視覚的に覚えていくと比較的

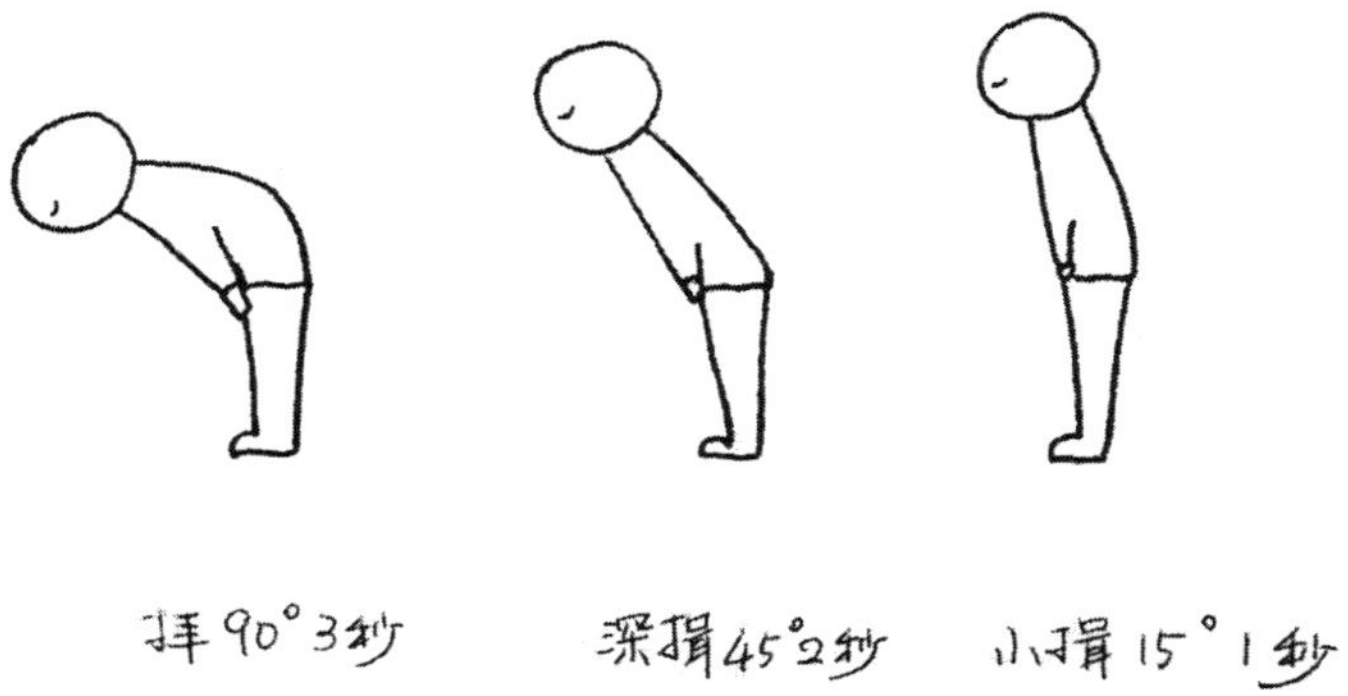

早く覚えられます。

ただ、覚えてしまうと自動的に次の詞がでてくるので、「一文字一文字をていねいに唱える」ことがおろそかになりますので、私もいつも自戒しています。

意外に「は」とか「が」という助詞を間違って覚えてしまいがちなので、覚えたあともチェックしてくださいね。

ある方が、覚え始めるとふとした時、大祓の言葉を口ずさんでいる自分がいて、頭をぐるぐるめぐる思考がそれだけでもずいぶん減って、余計なことを考えなくなったと言っていました。

確かに一時期、私も気づくと「みやばしらふとしきたて～」と頭の中で唱えている時があり、無意識の領域でも神々のエネルギーとつながっているんだとうれしくなりました。

唱えたらどんなことが起きるのか?

私の周りには、大祓詞を唱え続けている方が、けっこういらっしゃいます。

そんな方々の体験談を聞くこともあります。


「家の神棚の前で大祓詞を唱えると、家の中がとっても清々しい感じになって、一番よい氣を感じる!」

「大祓詞を唱えてなかったら、もっと夫婦喧嘩をしていた」

「しんどいなあと思った時に唱えると、奏上後元気になる」

「夫は大祓詞を帰宅後唱えているけれど、イライラしている時は彼が奏上できなかった日が続いていたことに気づいた」

「お掃除をしながら大祓詞のCDをかけていると、まったく疲れない」

「大祓詞を唱え始めたら、これ以上おつき合いしたくないなぁと思う人から、きれいさっぱり離れることができた」
「人間関係がガラリと変わった」
「気がついたら収入が上がっていた」
などなど、みんな直接聞いた生の声です。

もちろん人によって具体的な体験はさまざまですが、共通していると感じるところが多々あります。

自分の気持ちやいる場が「スッキリ」するということが第一。そしてもう一つは、**不安が減って、ともかく人生がスムーズに流れるようになったということです。**

この二つは、人生を楽しむためのキーポイントだと思いませんか？

異心を祓えばすてきなことが起きるということはわかった、でも大祓詞をいくら唱えてもどれくらい異心が祓われたのかわからないのではと思われるでしょう？

ところが、それを測る明確な指標があるのです。

答えはシンクロニシティです！

異心が祓われるたびに、シンクロが確実に増えていきます。

「大祓詞を唱え始めてから、すべてにタイミングが合うようになった。神社に参拝に行くとちょうど太鼓がなり始めたり、舞の奉納があったり、また龍雲に出会うなど、自然も呼応してくれるようになった」など、これもシンクロのなせる業でしょう。

シンクロニシティは偶然の一致とも呼ばれますが、このシンクロが実際の人生で増え始めてきたらしめたもの。

あなたの「天《あめ》の石屋戸《いわやと》」が、もう開き始めている確実な証拠です。

シンクロニシティが起きるしくみ

私のシンクロ体験をご紹介すると、その昔、アーティチョークという野菜がまだそれほどポピュラーでなく、その言葉を記事で読んで、「アーティチョークってどんな形なんだろう」と思っていたら、耳に飛び込んできたのはつけっぱなしのテレビから流れてきたお料理番組の声でした。

「今日はイタリアからやってきたアーティチョークを使った美味しいお料理をご紹介します」

画面を見ると、そこにはお料理される前のアーティチョークの姿が大きく映っていました。

また、今思い出そうとしても思い出せないくらいややっこしい哲学者の名前をある人から聞いた日のこと。確かロシアの人だったと思いますが、それまで一度も聞いたこともない名前です。
そうしたらなんと、その日のうちにまったく別のところで、トータル3回もその名前に出会ったのです。これにはびっくりしました。何十年も知らなかった人名と同じ日に3度も出会うなんて。

だからなんなのと思われるかもしれません。でも、それこそが天之御中主の分御魂である自分が創造している自分自身の世界が、有機的にあなたの意識と呼応し始めている証しです。あなたが今体験している世界は、あなたの意識が外側のスクリーンに映し出されているのですから。

自分自身を親指だと思っている人がいるとしましょう。彼は、人差し指や小指はまったく自分とは切り離れた別人と思っています。でも、親指さんの背中が痒くなった時、偶然？　人差し指が通りかかってかゆいところを掻いてくれます。奇跡だ！　と親指さんは思うかもしれません。

でも、私たちは大いなる全体の一部であり、すべてはつながっているから、親指さんが痒がっていることは当然皆わかるのです。お隣の人差し指どころか、反対の手の指全員が掻いてくれるのはあたりまえです。

分御魂を覆い隠す雲が祓われるなら、親指さんの意識の部屋はどんどん広がっていき、大いなる意識の一つの側面として、すべてと目に見えないネットワークでつながっていることを感じるようになります。

これが、シンクロニシティが起きるしくみです。

本来は「奇跡」ではなく、そうなるしくみなのですが、それでも毎回起きるシンクロに心からびっくりしています。

シンクロニシティは「偶然」ではなく「必然」です

こんなお話も聞きました。

「新人の時、相手の思い込みが原因で、同じ業界の先輩に攻撃され、ずっと辛くあたられていた。それは自分が持っていて、先輩が持っていない資格のことが原因だった。それで、落ち込んでいたし辛い思いをしていた。ところが大祓詞を唱えるようになってしばらくしたら、その相手がなんとまったく別の土地に転勤になって、悩みからすっかり解放された」

「大祓ひ」と「職場の人事」は一見なんの関連もありません。でも、職場のいやな先輩の中にあった、資格と能力に関する優劣のジャッジメントは、ひょっとしたら本人の潜在意識に隠れていたのかもしれません。

その異心が祓われたから、現実世界からも祓われたと言えるでしょう。

また聞きですが似たようなケースがあります。

犬を飼っていたある方が、朝はやく、同じ時間にそのワンちゃんがうるさく吠えるのでとても困っていたそうです。小野先生から「毎日大祓詞を唱えて祓ひなさい」と言われていたので、吠え声の悩みとはまったく関係なく唱え始めたら、なんと犬がまったく吠えなくなったのです。これも一見なんの関係もなさそうですが、ペットと飼い主は、共鳴しているとお話ししました。

実は、その時間に、家の前をどうやらある人が通っていたようで、飼い主さん本人が、その人物に関してなんとなく恐れをいだいていたと。でもその恐れが大祓詞によって祓われたので、犬からも恐れがなくなり、吠えなくなったということです。

ですから、**シンクロニシティは本当は「偶然」ではなく「必然」と言えるのです。**

シンクロに気づき始める最初のサインは、俗に言うエンジェルナンバーです。

「1111」だったり、「2222」だったりのゾロ目の数字を目にすることが増えていきます。ふと何気なく時計を見ると、3時33分だったり、すれ違う車のナンバープレートが「8888」だったりという具合です。

でも、いつシンクロがおきるのだろうと、さがしたり期待したりするのは逆効果！

あくまでも、真摯にその瞬間、一文字一文字の言霊を心をこめて唱えてください。

「最適な自分」が現れる!

実際の体験をご紹介しましょう。

体験談の中で、一番印象的だったのは、小野先生から伺ったお話です。


ある父親が息子をどうしても有名大学に入れたかったそうです。大祓詞が効果があるときいた彼は、毎日毎日、息子の合格を祈念して、大祓詞を唱えます。

しかし合格を信じて疑わなかったのに、結果は不合格。父親はがっかりしましたが、気がついてみると息子が長年患っていた喘息が治っていたということです。


きっと息子さんの分御魂は、その大学で学ぶよりもっとやりたいことがあったのかもしれません。あるいは、一度挫折する体験をその魂は必要だと選んだのでしょうか。

でも、本人がもっとも必要としているもの、人生の土台となる健康が手に入ったのです。

このお話は大祓詞の力の本質を表していると思います。

そして、さらにこの例が教えてくれることは、もし私たちが誰かのために祈るなら、その人自身のハートが望むことを祈らなくてはならないということです。

「その人がこうなったらいいな」という自分がやらせたいことではなく。

さらに大祓詞を唱えた方の体験談をご紹介しましょう。

ヴィジョナリー・カンパニー　代表取締役大塚和彦氏

「ただ、心を込めて奏上しなさい」

はじめて大祓詞にふれた時、先生からこう習いました。実際にやってみると「ただ、心をこめる」というのが、なかなか難しいことに気がつきました。

仕事のことや心配ごとが次々と頭の中をよぎります。

「本当に、この奏上の仕方でいいのだろうか」「誰かが聞いていたら恥ずかしいな」といった雑念が湧いてきます。

ただ、ある時からこれこそが「祓うもの」なんだと気づきました。

頭で理解したのではなく、身体にすっと落ちたような感覚。そこから、大祓詞が本格的にスタートしたような気がしたものです。

「ただ、心をこめて奏上する」というのは、「こうなりたい！」という目標を持たずに、素直な気持ちで取り組むことだと私は理解しています。


現代は、何をするにも「目標」や「目的」が大切とされます。

それらにむけて行動し続けていくことが「よいこと」だと思って疑いません。

ただ、大祓詞はそうした世界とは「対極にある世界」だと思います。

「目標」や「目的」を手放すからこそ、自分の中に「本当の何か」が立ち上がってくる、これこそが大祓詞です。言葉をかえて言うなら、「『最適な自分』が姿を現してくる」と言ってもいいでしょう。

大祓詞を続けていく中で、大きな変化がありました。それは、毎日のように飲んでいたお酒がだいぶ減ってきたのです。これは、自分でも驚きのことでした。

それまでの私は、お酒からたくさんの「よろこび」をもらっていました。新しい店を巡り、交友関係を次々と増やすことが生きがいでした。

ところが大祓詞を続けていくと、「遅くまで飲んだ翌日は、どこか身体に違和感がある」と感じるようになってきました。何かがすっきりと抜けないような感覚、といってもいいでしょうか。

人間は、「よろこび」を与えてくれるものを求め、「不快なもの」を遠ざけたがる性質があるようです。今まで意識もしなかった身体の感覚に気づいたことで、徐々に「お酒をほどほどにする」方向へと行動が変わり始めたようです。

それも、無意識にです。

人は行動が変わると、習慣が変わります。

習慣が変わると、人生が変わってきます。

お酒が減ったことで、私の人生も大きく変わってきました。


大祓詞はぜひ、目的を持たずに取り組んでみてください。

みなさんにとっての「最適な自分」が姿を現してくることと思います。それが何かはわかりませんが、人生をよき方向へと変えていくことは間違いないことでしょう。

＊　＊　＊

『日本の神様』カードの企画者であり、一緒に「和の叡智」の講座を教えている相棒の大塚氏とのお付き合いは長く、もう二十年以上になります。つまり、大祓詞を唱えるビフォアとアフターをリアルに知っているのです。

ここではくわしく申し上げませんが（言いたいけど）、「お酒からたくさんのよろこびをもらっていた」ころの大塚さんを知っている私としては、本当に波動が大きく変わられたというか、きっとオリジナル大塚さんが表面に現れていらしたのだと思います。

今は、修験道の資格もとられ、サンスクリットの言葉やヴェーダに精通されながらも、ビジネスの経営者としてもバランスよくバリバリ活躍しておられます。

体の中のエネルギーが変わると、体質まで変わってしまうのですね。

ストレスが軽減して、最適化が起きる！　何より健康になると思います。

大祓詞を唱えている方たち

さらに、体験者の声を紹介します。

大川璃華さん

私が初めて『大祓詞』を知ったのは大野百合子先生が講師を務められていた「和の叡智」の講座でした。それから、しばらくして小野善一郎先生の『古事記』の講座も受講させてもらうようになり、気づいた時には毎日、自宅神棚で『大祓詞』を奏上するようになっていました。

そんなある日『『大祓詞』を世界に伝えなさい」という言葉が、どこからともなくやってきました。数日後、私は1日で「大祓詞ものがたり」として現代語訳を完成させました。まだ、自信がなかったので小野先生に見ていただき、細かな修正をしていただきました。そして以降、自分の神様講座などでお伝えしていました。

あれから2年が経ち2022年4月、大野先生から『大祓詞』を知って変化したことは何だろうか」という問いをいただきました。

私の変化は「本来の私らしく生きることを思い出した」ことです。

大祓詞は本来の自分を包み隠す異心《ことごころ》を祓う祝詞です。本来の自分に立ち戻ると私たちは神の分御霊ですから叶わないことはなくなります。必要な時に必要なモノや出来事がやって来るように感じています。

昨春は、電子レンジが壊れた時には、その金額が宝くじで当たり助かりました。

必要な情報もやってきます。

まさに　世界はシンクロニシティでできていると実感しています。

あべこずえさん

私が大祓詞に出合ったのは、10年くらい前だと思います。

決定的な出合いは、4年ほど前に、あくつくみこさんが主催する小野善一郎先生の講演会でした。「これからは何としてでも大祓詞が必要とされる。大祓詞を暗記してください。たくさん唱えて、自らを祓ってください」

「大祓詞を覚えられるころには、人生が変わっています」と、魂からの叫びのようなソウルフルな語りで話されたのが、私の心にダイレクトに響きました。

ちょうどそのころ、母の介護が始まり、疲れが出たり、不安になることも多かったので、心の拠り所を求めるかのように、大祓詞を口にすることが増え始めました。ありがたいことに、大祓詞をほぼ暗唱できるようになりました。どんなふうに人生が変わったかというと、
①不安が減り、安心感が増え、自分はこれでいいのだと思えるようになった。
「思考の固さは体の硬さ」と聞いたことがあります。心身が緩んで柔軟性が増し、生

きるのが楽になった。
②出合う人や物、仕事が温かく、心地良いものになった。
30年近く教員をしていましたが、早期退職しました。今、ご縁をいただいている仕事は、職場が温かく、勤務日、時間も自分で決められます。仕事でやりたいようにできるとは、思ってもみませんでした。
③自分以外のことにも、祈ることができるようになった。感謝の気持ちが増えた。
「他者や起きてくることは、自分の鏡。人のことじゃない。自分のこと。自分を大祓詞で祓って祓って、天つ神の御心とつながること。自分の中にある清らかな魂に戻ること」だと小野先生から学ばせていただいたことです。

最後に、大祓詞の中で、私が一番好きな言葉は「神集へに集へ賜ひ　神議りに議り賜ひて」です。神様だって、集まって、議論して、いろんなことを決めている。とても身近に感じます。日本に生まれてよかったと心から思っています。

あくつくみこさん

大祓詞で願いが叶った体験がありました！　大祓詞を唱えはじめてまもなく、祝詞を書く写詞というのがあることを知り「神社で写詞したい！」と思いました。

でも近くの神社ではやっているところがなかったのです。が、気づけば、小野先生が群馬の渋川八幡宮で写詞をしてくださってることがわかり、今では私自身が、大祓詞の写詞の会をお世話しています。

まさに思ったことがすぐに現実化したのです。

後藤めぐみさん

大祓祝詞を初めて奏上した時、身体の真ん中から熱いものが込み上げ、なぜか涙が出てきました。気付いたら心も身体も軽くなっていました。それからというもの、日々の生活の中で嫌な感情が出てきた時など、大祓詞を奏上する様にしています。

私にとって大祓詞は心の大掃除です。

村田秀和さん

私は、毎日、仕事からの帰宅途中、車の中で奏上しています。その理由としては、一日の仕事で頑張った心と身体を、自分本来の姿を取り戻す、そんな効果があると実感するからです。

大祓詞を奏上することによって、まずは、腹式呼吸ができます。深く息を吸い、身体の隅々まで酸素を行き渡らせます。次に、頭の中、特に脳ストレスが解放されます。これが不思議なことに、雑念が入ると、正しい文言が出てこなくなります。つまり、つっかえてしまうのです。反対にしっかりと奏上できるときは　脳内がリラックスできている時であると体感しています。

どんなにイライラしていても、どんなに疲れていても、４分30秒の大祓詞に向き合う事ができるか、それが私の心神を守れているかのバロメーターとなっています。

不思議な体験を一つ、ご紹介します。数年前、日光二荒山神社の別宮、滝尾神社に参拝した際　横を流れる川のほとりにて、大祓詞を奏上したことがありました。

すると、野鳥たちが私達の奏上に合わせて、さえずり始めたのでした。川の流れも、風も、もちろん人も神さまのおはからいです。自然界の動物たちも、大祓詞に宿る言霊の力を感じたのだと思いました。

佐賀嬉野温泉きららママ

大祓詞を唱え始めて数年たちますが、見えたり聞こえたりする方に「エネルギーが大きいですね。何か特別なことをやってるんですか？」と聞かれ、「大祓詞をよく唱えています」とお伝えしたら、とっても納得され感心されました。

私の背後には天にも続くほどの数えきれない神様方がついてくださっているそうです。

私はカフェを経営しているのですが、神棚を整え、大祓詞をお唱えすることで、そのまま朝のお掃除浄化をするリズムができ、慌ただしい朝が、まるで濁った川の水がクリアになるかのごとく、気持ちが落ち着きスッキリすることを感じています。本当に祓われているのだと思います。

祓われると「出会うべき人」に出会います

最後に私自身の体感も一つ紹介させてください。

誰もがおっしゃっているように、唱えている最中から私の中の滞りが解けていくのを実感します。私の場合、奏上してみると1段目後半の「天つ金木を本打ち切り〜」のあたりからだんだんエネルギーが高まって、「天つ祝詞の太のりとごとをのれ〜」あたりで、内側からどーんと力が湧いてくるのです。

そして、2段目以降の「かく聞こしめしてば、罪という罪はあらじと、科戸の風の天の八重雲を吹き放つことの如く」あたりにくると、明らかにエネルギーフィールドが勢いよく活性化して流れ始めるのを感じます。

あとは、祝詞の言葉通り、滞りが流れ、吹き飛ばされ、消えていくイメージとともにクリアになっていく感じです。

私は外清浄と呼ばれる禊も大好きで、それほど機会にはめぐまれてはいませんが、何度か伊勢や丹生川上神社の川で禊をしました。

天鳥船という準備運動となる行をしたあと、「はらひどのおおかみ」と何度も何度も唱えながら、玉の印を結んだ両手を上下に振りながら流れる冷たい水に胸までつかります。祓ひ戸の大神は大祓詞にでてくる四柱神様たちが中心です。


そのあと、川の真ん中で唱えるのが、大祓詞なのです。

一度は真冬、1月の五十鈴川でほとんど気温0度環境で、川にはいりました。

でも不思議なのです。

「はらひどのおおかみ、はらひどのおおかみ」と唱えながら川にはいっていくと、最初だけドキッと冷たいのですが、どちらかというと快感に近く、大祓詞を唱えはじめると、どんどん意識が深く鎮まり、トランス状態のような不思議な感覚が広がります。深い、本当にクリアなスペースで自分自身が透明になっていくような体感です。別の次元の扉がどんどん開いていくような。

それが忘れられず、何度も禊を体験しています。

ただ、禊が終わって川岸に戻ってから、シャキッと3次元にもどれず、ぞうりを片っぽ川に流してあわてたりした思い出があります。娘たちからは、「禊いだからではなく、いつものことだ」と言われましたが。

・・・・・・・・・・・・

私も含め、体験談を寄せてくださった方の変化はもちろん「大祓詞」のエネルギーだけが作用したわけではないと思います。瞑想や運動などいろいろ影響していることでしょう。でも変化にまつわる要素として、大祓詞奏上が非常に大きな役割を果たしたことは間違いありません。

大祓詞を唱え出したころから、偶然ばったり知り合いと出会う体験が激増しています。たまたま、うっかり降りるべき大船駅をとおりすぎ、次の藤沢駅の反対側のホームで待っていた時に、ずっと会っていなかった友人とそこで偶然出会って、それがきっかけで、今一緒に毎月仕事をさせてもらっています。

ぎりぎり出発する直前の電車にとびこんだら、目の前に会いたかった人がいたり、先日は見たくて行った映画館で、連絡を取らなくちゃいけないと思っていた人から声をかけられました。

なんであなたがここにいるの？　的なうれしい出会いもまた、祓われた結果です。

海外の辺鄙《へんぴ》なあり得ない場所で、会いたい人と出会ったという話も伝わってきます。

祓われると、「出会うべき人には出会う！」と、今は確信しています。

私は出会う人はみんな運命の人だと思っているのですが、ロマンチックな出会いも、出会うべき人なら出会うはずです。

もう一つの超パワフル祝詞「六根清浄祓詞《ろっこんしょうじょうはらえことば》」

大祓詞のすごさ、すばらしさは十分に理解していただけたでしょうか。

そして、さらに、皆様に唱えていただきたいおすすめの祝詞があります。

六根清浄祓詞です。

内容は、読んでいただくとだいたい伝わるので、まずは目をとおしてください。

六根清浄祓詞《ろっこんしょうじょうはらえことば》

天照大御神《あまてらすおおみかみ》の宣《のりたま》はく。人《ひと》は　天下《あめがした》の神物《かみみたまもの》なり。
すべからく天下《あまがした》静《しず》かにして
平《たい》らかならんと努《つとむ》るべし。
心《こころ》は即《すなわ》ち　神明《しんめい》の本主《みなもと》たり。
心神《しんしん》を　傷《いた》ましむることなかれ。

是《こ》の故《ゆえ》に、　目《め》に諸々《もろもろ》の不浄《ふじょう》を見て　心《こころ》に諸々《もろもろ》の不浄《ふじょう》を見ず。
耳に諸々《もろもろ》の不浄《ふじょう》を聞《き》きて　心《こころ》に諸々《もろもろ》の不浄《ふじょう》を聞《き》かず。
鼻に諸々《もろもろ》の不浄《ふじょう》を嗅《か》ぎて　心《こころ》に諸々《もろもろ》の不浄《ふじょう》を嗅《か》がず。
口に諸々《もろもろ》の不浄《ふじょう》を言《い》ひて　心《こころ》に諸々《もろもろ》の不浄《ふじょう》を言《い》はず。
身に諸々《もろもろ》の不浄《ふじょう》を触《ふ》れて　心《こころ》に諸々《もろもろ》の不浄《ふじょう》を触《ふ》れず。

意《こころ》に諸々《もろもろ》の不浄《ふじょう》を思《おも》ひて中心《なかごころ》に諸々《もろもろ》の不浄《ふじょう》を想《おも》はず。
是《こ》の時《とき》に清《きよ》く潔《いさぎ》よきことあり。
諸々《もろもろ》の法《のり》は　影《かげ》と像《かたち》の如《ごと》し。清《きよ》く潔《いさぎ》よければ　仮《かり》にも穢《け》がるること無《な》し。
説《こと》を取《と》らば得《う》べからず。皆花《みなはな》(因)よりぞ　木《こ》の実《み》(業)とは生《な》る。

我が身《み》はすなわち六根清浄《ろっこんしょうじょう》なり。六根清浄《ろっこんしょうじょう》なるがゆえに　身体健《しんたいすこ》やかなり。
身体健やかなるがゆえに、天地《あめつち》の神仏《しんぶつ》と同根《どうこん》なり。
天地《あめつち》の神仏《しんぶつ》と同根《どうこん》なるがゆえに万物《よろず》の霊《みたま》と同体《どうたい》なり。
万物《よろず》の霊《みたま》と同体《どうたい》なるがゆえに　願《ねが》うところのこと、
成り就《ととの》わずと云《い》うこと無《な》し。
極《きわ》めて汚《きたな》きも滞《たま》りなければ　汚《きたな》きものはあらじ。
内外《うちと》の玉垣《たまがき》　清《きよ》く浄《きよ》しと申《まう》す。

無上霊宝神道加持《むじょうれいほうしんとうかじ》

以上です。

これは天照大御神自らが語られる詞として書かれたものです。
私なりに意訳した要点はこうなります。

天照の大神さまご自身がこうおっしゃっています。
あなたは私の分御魂なのです。
心を平らかにするなら、あなたは神そのもの。
ですから自分を傷つけることは、私を傷つけることと同じです。
神から生まれたご自分を裏切らないでください。
五感と心はもともと清らかです。穢れているように見えたり聞こえたりしても、
常に晴明なる本質を捉えてください。
言葉や思考から自由になりましょう。
私たちはそのままで清らかです。

清らかであるがゆえに、私たちの心身は健やかで、
健やかだから、天と地の神仏と源は同じです。
同じだからこそ、私たちは万物の霊と一つです。
ですから、こころに願うことは必ず叶います。
あなたの内も外も真に清らかです。
無上の宝　神の大いなる力

すてきなメッセージでしょう。
そして、まさに霊的な和の叡智の真髄がこの短い祝詞の中に語られています。

物事の本質を見られるようになります

六根清浄祓詞は六根にある気枯れと滞りを祓ひ、願いが叶うという祈りまでが言霊《ことたま》となっています。

私たちの五感は、期待と予測に左右されます。私たちが小さいころ、覚えてはいないかもしれませんが、妖精や精霊たちが見えていました。

赤ちゃんがじっと空間のある一点を見つめて笑ったりしているのを見たことはありませんか？　大きくなっていくにつれ、それは想像しているだけと周りから言われるようになると、「見えないはず」という期待と予測が勝ってしまいます。

おでこにある第3の目がひらけば、目に見えない次元の存在たちも見え、世界の本当の姿やエネルギーの世界を感知できるようになります。

この祝詞を唱えているうちに、**物事の本質を見ようとする態度が自然に生まれてくる**

でしょう。

どんな人や物にも神性が宿っていることを感覚で感じられてきます。

だんだん「裁く心」から自由になります。

「あなたの願いは叶わないということはない、なぜなら、神と同じ源を持ち、すべての霊と一つなのだから」

このフレーズがいつも爽《さわ》やかな音楽のように自分の内側の世界に響いていたら、きっと人生が楽しくなります。

私は朝、祝詞を唱える時は、その時々にお気に入りの祝詞があるのですが、いくつかの祝詞を連続して唱えています。

その時は、深揖《しんゆう》・二拝・二拍手のあと、いくつかの祝詞を唱えて、最後に二拍手・二拝・深揖でしめています。

火と水のパワーで祓う「清明神咒」

あともう一つ、ここでご紹介したいすごく役に立つ短い祝詞があります。

火と水のパワーで祓うという言霊です。

正式にとなえる「清明神咒《きよめのかじり》」というロングバージョンもあるのですが、この二つの言葉を何度もくり返し唱えるだけで、部屋や自分自身がびっくりするほどクリアになります。

神火清明《しんかせいめい》
神水清明《しんすいせいめい》

たとえば、旅先のホテルの部屋がなんとなく澱《よど》んでいていい気持ちがしない時に、柏手を打ちながら「神火清明・神水清明」と何度も繰り返し唱え、部屋全体、特に角にむかって言霊を放ちます。

できれば、窓が開くなら開けてから行うと、さらに氣がめぐるようになります。

また気分が落ち込んでいる時、感情のコントロールが効かない時などに、なんどもなんども唱えてみましょう。外にいるなら、小声か心の中で。

祓われます！

道具のいらない言霊パワーを使わない手はありません。

大祓詞で口から放たれる波動の力を理解した上で、天の象徴の火のエネルギーと、地の象徴の水のエネルギーで祓うこの神咒もぜひ使ってください。

日本人の役割——日本人の意識が世界を助けていきます

冒頭に、今地球上の人類の意識は大変換のポイントにきていると申し上げました。

夜明け前の闇は一番暗くなると言われます。

私たち個人も、そして国という大きな単位でも、二元から一元の時代へ移っていく時に、これまで溜まっていた異心のエネルギーの塊が否応なく放出される時が今という時代です。

人はなかなか、自然な形で潜在意識に沈んでいる自分の考え方の癖やパターンを手放すことができません。

トラウマはつらくてしんどいですが、強制的に人の意識に大きな変化をもたらします。重い病気になったり、大きな事故にあったりすると、私たちは根本的なものの見方や考え方がかわらざるを得なくなるのです。

私のまわりでも異常なぐらい知り合いや家族が骨折をしたり、体調をくずしたりする人が増えています。

私たちの体という構造体を支えているのが骨格です。それが折れる時は、今までの古い自分が壊れ、建て直さなければならない時を象徴しているのでしょう。

そういえば、私自身も足の小指の骨を折りましたっけ。

ひょっとしたら、私たちの内なる天照大御神さまが、「早く開けて〜っ」と中から岩戸をどんどん叩いていらっしゃるのかもしれません。

個人のレベルでは、自分の気持ちに反して嫌々仕事を続けている人は、リストラや病というかたちで強制的変化を強いられています。

気づきを深め、葛藤の解放を引き起こすために、さまざまな問題は表面化して、自分で向き合わなければならない状況が生まれています。

だからこそ葛藤の強制解放が起きる前に、自らを祓ひ、おだやかにエネルギーの詰まりを解放しながら**自分の人生に起きることを選択する力を取り戻しましょう。**

個人レベルを超えて、**地球レベルでも、人間の集合意識の異心の解放が起きています。**

「外側に起きていることは内側を映しているのだ」と言いました。

改めて、この世界は相似象で成り立っています。

ロシアのマトリョーシカ人形のように、天之御中主と天照大御神と地球と私は、同じしくみ、同じ構造をしています。

すべては同じエネルギーからできていて、太陽系の構造と原子の原子核と電子の構造は同じしくみです。地球も私たちも天之御中主の分御魂です。

ですから、地球も大きな変化の時を迎えています。

中東や各地でおきている戦争も一元に向けての葛藤のエネルギーが解放されている現象です。

また、温暖化の影響で気象状況も随分変わってきました。海面が上昇しています。台風は巨大化しやすくなり、地殻のプレートにはエネルギーが溜まって、大きな地震も世界各地で頻発しています。

私たちのDNAには縄文以前から連綿と伝えられてきたすばらしい叡智が宿っています。森羅万象のすべてに神性を見出し、それが自然に生活や言葉に溶け込んでいる文化は、地球上にほとんどありません。

日本の集合意識の「調和とバランス」の和のエネルギーは、「競争と闘い」のエネルギーに対して、これからの大きな世界の変化に大切な役割を果たします。

日本人の集合意識は、私たち一人ひとりの意識の集まりです。

アカシックレコードにも、1万3000年ぶりのこの大変換の大変な時代に、日本人の意識が世界を助けていくことが記されています。


今、私たちが大祓詞を奏上して自身を祓って、どんどん清明なエネルギーを世界に放射していくなら、その一人ひとりが放射する波が集まって、大きなうねりとなり、太平洋や大西洋を超えて世界に広がっていくのです。波動は共鳴共振します。

海外へ出かけていって、いろいろな国の人たちに、さあ大祓詞を唱えましょう！　と教えに行かなくても、地球の人類の集合意識というネットワークを使い、グローバルインターネットのように、十分な数の個人が発信するなら、あっという間に世界に広がっていくはずです。

今日から、大祓詞を唱えてみませんか？

自分を祓うと、**本来の輝く自分自身が姿を現し、自分を祓うことが、世界を祓うことにつながっていくことを信頼して。**

そして、どうぞ思いっきり人生を楽しんでください！

第2章

なぜ大祓詞が大切な祝詞とされるのか

小野善一郎

今は時代の大転換点

かつて、ラフカディオ・ハーン（小泉八雲）はこう予言しました。

「やがて西洋の近代文明が行き詰まりを示す時、それを救うものは、日本人の先祖の『いのち』とともに生きているという信仰である」

そしてまさに今、新型コロナウイルスの問題に象徴されるように、明治以降信奉してきた近代文明社会の脆《もろ》さがあらわになっています。

私たちはこれを乗り越えなくてはなりません。

「糸がからまった時は、原点に戻ると、混乱してからまった糸はほどけていく」と言われています。

近代主義の大本《おおもと》にあるのは、自我の確立です。

私たちはそれぞれ一個の人格であり、親子、兄弟姉妹もそれぞれ独立の人格であり、同じ人権を持って向き合う存在であるととらえています。

しかし、今の私たちに求められているのは、自我をコントロールしながら、**自我の奥に隠れている「いのち」（私たちを生かしている本源のいのち）**に軸足を置くことではないでしょうか。

この大事を行うことができるのは誰でしょうか？

それは、私たち日本人です。

本来の日本人は、「自分のいのち」は「父母のいのち」と別個のものではなく、父母先祖のいのちの延長と見ています。一対一の対立の意識はなく、「永遠のいのち」に「自分のいのち」が融《と》けて、自分のうちに父母が居ますと観じるのです。

私たちは初めから、無条件のいのちに包まれて生きています。

無条件ですから、とても温かい心です。

しかし、自我の対立的な心で見ると、そのつながりは断ち切られ、冷酷になります。いくら科学的に進歩しても、この冷たい心は天地にない心ですから、必ず滅《ほろ》びます。

ブラックホールの特異点定理を発表した英国の物理学者のホーキング博士は、こう述べています。

「文明が地球ほどに進んだ惑星は、私たちが知りえる全宇宙に約二百万個もあるが、そのような惑星同士の交流が実際にあり得ないのは、そのような星は文明の過剰な発展によって極めて不安定になり、宇宙全体から眺めればほとんど瞬間的に崩壊消滅してしまうからである」

つまり、近代文明は、現在私たちが享受しているレベルぐらいまでは発展するが、結局、私たち人類は自我を制御することができずに、遠からず滅んでしまうと予言しているのです。

だからこそ滅びない「いのち」と一つになることが必要です。

これが霊魂《れいこん》不滅《ふめつ》の信仰です。

本来の日本人であれば、肉体は死によって消えても、霊魂《れいこん》（いのち）は決して滅びることなくこの世に留まり、いつまでも子孫の幸福を見守っていると考えることは、極めて自然であり当然のことです。

何よりも、私たちの心の中に宿っている「いのち」（天照大御神《あまてらすおおみかみ》）を大切にし、我欲に目をふさがれてしまわないよう、常に努力しなければならないと考えることが、古くからの日本人の素直な心なのです。

私たちの本質は天照大御神です

記紀《きき》古伝承《こでんしょう》の神代の巻も、物語を通してその大切さを今に伝えています。

その古伝承の集約といえるのが天孫降臨《てんそんこうりん》です。

わが国における原点とは、天孫降臨の際、天照大御神より天孫（皇孫）の邇邇芸命《ににぎのみこと》に下された「天壌無窮《てんじょうむきゅう》の神勅《しんちょく》」です。ここですでに、次のように明示されています。

葦原《あしはら》の千五百秋《ちいほあき》の瑞穂《みずほ》の國《くに》は、是《これ》、吾《わ》が子孫《うみのこ》の王《きみ》たるべき地《くに》なり。

爾皇孫《いましすめみま》、就《い》でまして治《しら》せ。行矣《さきくませ》。寶祚《あまつひつぎ》の隆《さか》えまさむこと、當《まさ》に天壌《あめつち》と窮《きはま》

り無《な》けむ。（『日本書紀』）

この神勅は、我が国の依って立つべき万古不易《ばんこふえき》の命題であり、ご歴代の天皇陛下は「この神勅の実現のために御力を与えてください」と御祈願し続けてこられたのです。

ここで何よりも重要なことは、寶祚《あまつひつぎ》の解釈です。

一般的には、「天照大御神のご子孫であります天皇陛下の御地位が、天地のある限り永久に続く」という意味であると理解されています。

しかし、その本質は、天皇陛下個人の「いのち」に基づく御地位のことではなく、**「天照大御神の『いのち』と一つになって、わが国を統治するという日本国家の本質、特質が永遠に守られる」**ととらえるべきと考えられます。

よりわかりやすく言えば、「たとえわが身を犠牲にしたとしても天照大御神の『いのち』と一つになって、国家・国民を守るんだぞ！　頼んだぞ！」という天照大御神からのご下命なのです。

このことは天皇陛下のご使命であると同時に、私たちの使命でもあります。

なぜなら君臣は親子の関係であり、一体だからです。

天照大御神は天皇陛下の先祖であるとともに私たちの先祖でもあり、私たちの本質も天照大御神だからです。

古い伊勢ではそれを「心神《しんしん》」といい、私たちの心中の天照大御神を、命がけで守ってきました。その天照大御神もまた、先祖の天《あま》つ神《かみ》に同じ祈りをされていますし、そのまた天つ神も同様の祈りを先祖の神様に捧げています。

天つ神であっても絶対神ではないのです。

この一貫の「いのち」を神代よりお守りしてこられたのが、ご歴代の天皇陛下であり、私たちの先祖なのです。

ご歴代の天皇陛下は、我欲我見という私心を祓《はら》って祓って、天照大御神の御心と一つになり、その御心で国家を治めてきたのです。これが我が国の統治の本質です。

しかし、第十代崇神《すじん》天皇の時代に疫病《えきびょう》が蔓延し、国民の大半が死んでしまうという危機を迎えます。この危機に乗じて、中には反乱を企てる者も現れました。

崇神天皇は朝早くから夜遅くまでお祈りなさいましたが、状況はいっこうによくなりません。

天皇は神様のお力への畏怖《いふ》を表すために、これまで天皇の御殿の内にお祀《まつ》りしてきた天照大御神を、大和の笠縫邑《かさぬいむら》(元伊勢、檜原《ひばら》神社周辺)にお祀りすることにしました。その役目を仰せつかったのが皇女豊鍬入姫命《とよすきいりひめのみこと》でした。

天照大御神から直接、邇邇芸命が授かった宝鏡と宝剣は、笠縫邑にお祀り申し上げ、宮中では写しの鏡と剣をお造り申し上げて、分霊《わけみたま》を今まで通りお祀り申し上げたのです。

また、大物主大神《おおものぬしのおおかみ》の神意を伺い、その教えのままに、大物主大神をその子孫である大田田根子《おおたたねこ》に祀らせました。他の神々を祀るために全国の神社の制度も整えました。

すると、ほどなくして疫病は終息したのです。

ここで重要なことは、「神祭りをより丁重に執り行った」という事実です。崇神天皇の号令のもと、皆が一心に神様の御心に立ち帰ったのです。

天照大御神の「天《あめ》の石屋戸《いわやと》隠れ」について

また、何よりも心に留めたいのは、「天《あめ》の石屋戸《いわやと》」古伝承が新型コロナウイルス騒動と酷似しているということです。

天照大御神は、弟である須佐之男命《すさのおのみこと》の乱暴の激しさに恐れおののき、天の石屋戸を開いて中に御隠れになりました。

天照大御神が天の石屋戸に籠《こも》られるという最悪の状況になり、それまで須佐之男命の傍若無人な行いを傍観していた八百万《やおよろず》の神々は、ここで初めて天《あめ》の安河《やすのかわ》の河原に集まり、真剣に協議しました。この天の石屋戸の段は、今日の神社祭祀の原型といわれています。

八百万の神々は、天照大御神が出てこられるようにとあらゆる手を打ちました。

この天の石屋戸の神事で、最も重要なことは何でしょうか？

それは、天照大御神が石屋戸に籠られたことを、八百万の神々が自らの問題として自分自身の心を見つめた時、深く反省したことであると考えられます。

神々は、自らが、天つ神から賜《たまわ》った本来の清明な心を我欲の異心《ことごころ》で覆い、「誰かが須佐之男命の乱暴なふるまいを正してくれるだろう」と心の御戸を閉じてしまった結果、このような事態になったと痛感されたのです。

神道《しんとう》そのものも、本来、自分の外にある客観的対象として知識や理論で考えるものではありません。**自分のこの「いのち」が祖先の「いのち」に連なっており、自分自身が今、天地一貫の「いのち」の中に生かされている事実に気づくことなのです。**

つまり理屈ではなく、体認する（体験し会得する）世界なのです。

そして、その「いのち」にふれ、その「いのち」と一つになって生かされていることに感謝しながら、社会生活を営んできたのがわが国の国柄です。

近代主義とは、立っている舞台がまったく異なっているのです。

要するに、私たちは、自我の奥にある天地一貫の「いのち」に軸足を置いて、なおかつ社会のルールを守りながら生きてきたのです。

人間社会のルール（論理・合理）を守ることは極めて重要ですが、それだけで幸福になることはできません。

現代社会は、自我の奥に隠れている「いのち」が不明なのです。

私たちの「いのち」が不明ですと、眼の前にあるものは、単なる「もの」になります。しかし、私たちの遠い先祖は、大いなる「いのち」によって生かされている事実に気づき、すべての天地万物にその「いのち」を見ながら感謝の生活をしていました。万物は単なる「もの」ではないのです。

この大事なことを、かつての日本人は誰もがわかっていました。山には山の神様が宿っている。これを「大山津見神《おおやまつみのかみ》」と呼びます。海は「大綿津見神《おおわたつみのかみ》」、風は「志那都比古神《しなつひこのかみ》」、木は「久久能智神《くくのちのかみ》」です。物には物を生み給うた神様が宿っていることが、わかっていたのです。

「山は山の姿をした自分、海は海の姿をした自分」です

ところが、本来の心から離れた異心（心が他を向いた状態）では、この「いのち」が見えません。残念ながら私たちは、自分の心境以上のものは見えないのです。

日本画家の横山大観《たいかん》先生は、**「富士を描くということは、富士に写る自分の心を描くことだ」**と言っています。

異心を祓い、初めからある神様の「いのち」と一つになると、この自分自身の「いのち」は山の「いのち」、海の「いのち」、川の「いのち」、木の「いのち」、大地の「いのち」、風の「いのち」と同じであることがわかります。

要するに、**山は山の姿をした自分。海は海の姿をした自分。木は木の姿をした自分だということです。**

たとえば、眼前の木を切ると、自分自身の体が切られるように感じます。それは無条件の温かい心です。他人の心の悲しみを、自分自身の身体の痛みのように感じる心です。

この温かい心があるならば、環境破壊は起こらないと思います。

「神《かん》ながらの道」とは、大自然と私たち人間の共存共栄です。

わが国は一神教ではありません。山には山の、海には海の、川には川の、木には木の働きを見て、それぞれの神様の働きをご神名で呼んでいるのです。

私たちの名前と同じです。私は小野善一郎命なのです。

ここが大事なところです。

私たち自身の本体である神性な「いのち」を感得《かんとく》できれば、当然ながら眼前の物の背後にある「いのち」がわかります。

私たちは大自然とともに、同じ一貫の「いのち」に生かされている存在だからです。

ですから、天の石屋戸の古伝承とは、天照大御神が自らの意志でお隠れになられたことではなく、八百万の神々が本体の「いのち」を見失って異心の状態となり、心中の神明の扉を閉じた、そのことを「天照大御神の天の石屋戸隠れ」として伝えていると考えられるのです。

大祓詞によって現れた「大歓喜の世界」

天照大御神が御隠れになられた天の石屋戸の前では、神事が執《と》り行われました。

祭りとは、先祖の神々の「いのち」と私たちの「いのち」が一体となり、一貫の存在であることを体認し、感得する儀礼です。

初めからある天地一貫の「いのち」は、絶対に滅びないという確信があるからこそ、神社祭祀は執り行われているのです。

この確信がなければ、すべては子どもの「ままごと遊び」と同じになってしまいます。

全国に八万の神社があることが、「いのち」は滅びないことを証明しています。

その天地一貫の「いのち」から離れている状態を言葉で表したのが「萬《よろず》の神の声は、さ蝿《ばへ》なす満ち、萬の妖《わざはひ》悉《ことごと》に発《おこ》りき」（『古事記』）なのです。

元々、私たちの眼前には大歓喜の世界が広がっています。

しかし、その天地の「いのち」から心が離れた異心の状態ですと、「萬の妖悉に発りき」になるのです。

本来神社の祭りとは、対象を祓って変えるのでなく、**私たち自身が異心を祓って祓って、天地一貫の「いのち」に復帰することなのです。**

ですから、先ほど述べた第十代崇神天皇は、世に疫病が蔓延している事態について、神様の「いのち」からその心が離れているからだとお考えになり、より丁重に神祭りを行ったのです。

天の石屋戸においても、八百万の神々は天照大御神の御前で、須佐之男命の乱暴を見て見ぬふりをする心、不満・不足の心を、神祭りによって祓いました。

すると、眼前には、須佐之男命の乱暴によって生まれた暗黒世界とは、まったく異なる歓喜の世界が現れたのです。

しかし、見かけは何一つ変わっていません。変わったのは八百万の神々の心の方なのです。

ここからもわかるように、**世界を変えるのは、相手を変えることではありません。**

対象にとらわれている間はまったくダメです。二元の世界だからです。自分自身が滅びない「いのち」と一つになるのです。元々私たちは、滅びない「いのち」そのものなのです。

『古語拾遺《こごしゅうい》』（八〇七年・斎部広成《いんべのひろなり》撰）には、この歓喜の世界がこのように描かれています。

「天晴《あっぱ》れ、あな面白《おもしろ》、あな手伸《たの》し、あな清《さや》け、おけ」

歌い踊りたくなるような、永遠に輝き続ける感謝、歓喜の世界なのです。その世界は、今ここにある眼前の世界です。

しかし、私たちは異心で見ているので、歓喜を感じることができないのです。あまりにも近すぎて見えていないのです。瞼《まぶた》の上です。

蔓延する疫病を終息させるカギもそこにあります。

ただただ不安・不信、不足・不満の異心を祓い、天地のパワーという最大の免疫力を備えることが何よりも重要なのです。

そして、**天の石屋戸の神事において最も大事なことは、奏上された祝詞《のりと》が大祓詞《おおはらえのことば》だと伝えられていることです。**

神道の本質は、祓えに始まり祓えに終わることです。

人間が考えた思想でも、イデオロギーでもありません。眼前に展開している天地の「いのち」のことであり、その存在こそが本当の自分です。

それゆえに、大祓詞は極めて重大な祝詞なのです。

利己的な自分を捨て去り、まさに天地の「いのち」と一つになる祝詞、近代主義の根幹にある対立的な我欲我見の心を祓う祝詞であり、これほど重大な祝詞はないのです。

私たちが神代から守ってきたものとは何か?

ここからは、私たち日本人が大祓詞とともに生きてきた、その歩みを振り返ってみましょう。

わが国は近代国家です。しかし、今なお全国に約八万の神社があり、それぞれに神代の神々がご鎮座され、神代の祭りが古式に則《のっと》って執り行われています。

祭りとはそもそも何かというと、先祖の「いのち」と私たちの「いのち」が一体となり、一貫した存在であることを、体認・感得する儀礼です。これは近代主義の論理の世界ではなく、その奥にある「いのち」を前提としたものです。

その根幹にある祝詞もまた大祓詞なのです。

私たち日本人が、大祓詞（祓え）を通して神代より守ってきたものとは何なのでしょうか。それは、記紀《きき》古伝承等をひもとくことで、はっきりと見えてきます。

結論から先に言うならば、**大祓詞を考えることは、私たち一人ひとりが自分自身の「いのち」を考えることです。**

今生きている私たちの心のうちに、常に先祖の「いのち」、わが国一貫の「いのち」が生き続けています。

これは先祖の記憶のことでなく、現に今生きている「いのち」のことです。

これが冒頭にも述べました霊魂不滅《れいこんふめつ》の信仰であり、わが国の国柄、特質です。

そして、その私たちの心の中に宿っている、神様から与えられた「いのち」を、古い伊勢では具体的な人格神として、天之御中主神《あめのみなかぬしのかみ》、天照大御神《あまてらすおおみかみ》とお呼び申し上げています。

私たちの心のうちにある「いのち」（心神）を大切にし、我欲で覆い隠してしまうことがないように、常に祓えの努力をしなければならないと考えることが、古くからの日本人の素直な心だったのです。

わが国の記紀古伝承によれば、初めに天地という存在があり、それを物実《ものざね》（神々が生まれてくる物種《ものだね》）として天之御中主神が生まれています。

『古事記』には次のように記されています。

天地《あめつち》初めて発《ひら》けし時、高天原《たかまのはら》に成りし神の名は、天之御中主神《あめのみなかぬしのかみ》、次に高御産《たかみむ》

巣日神《すひのかみ》、次に神産巣日神《かみむすひのかみ》。この三柱《みはしら》の神は、みな独神《ひとりがみ》と成りまして、身を隠したまひき。

（『古事記』上　講談社）

ここで大事なことは、初めに神様があるのではなく、先に天地という存在があるということです。その存在を物実《ものざね》として、最初の神様の天之御中主神が生まれたのです。

先述したように、これは論理・合理的世界のことでなく、その奥にある「いのち」について語っているものです。

物には物を生み給うた神様がご鎮座しているという信仰です。

初めから天地一貫の「いのち」があるのです。

つまり、初めがない。

ですから終わりもない。常に今なのです。

時間化できない永遠の「いのち」。滅びない「いのち」が初めから存在しているのです。

私たちの先祖は何千年も前からこの大事なことがわかっていました。だからこそ神社の祭りが生まれるのです。神社があり、祭りがあるというのは、私たちの「いのち」は滅びないことの証明です。その天地に内在している「いのち」を、私たちの先祖は「神様」とお呼び申し上げたのです。

国生み、神生み、国造りについて

最初の神様の天之御中主神も、絶対神ではありません。天之御中主神が天地を造ったのではないのです。天地は初めから存在していたのです。

『古事記』によれば、伊邪那岐命《いざなぎのみこと》、伊邪那美命《いざなみのみこと》の二柱の神は、究極の神様である天つ神から「ここに天《あま》つ神諸《かみもろもろ》の命《みこと》もちて、伊邪那岐命、伊邪那美命、二柱の神に、『この漂《ただよ》へる国を修《おさ》め理《つく》り固《かた》め成《な》せ』」との「修理《しゅり》固成《こせい》」の詔《みことのり》を賜り、国生み、神生み、国造り、国固めの大事業を執り行ったのです。

国生み、神生み等の大本には、この「天つ神諸の命もちて」があり、天つ神より賜った「いのち」を私心によって汚すことなく、神様から与えられたままに守るという鉄則が存在しているのです。

伊邪那岐命と伊邪那美命の二柱の神は、高天原から「おのごろ島」に天降られ、自ら神聖な高い御柱を立てて、その御柱を中心として国生み、神生みをされました。

しかし、先祖の天つ神の御心から離れて異心となり、最初は失敗してしまいます。

そこで反省回心し、その異心を祓って流し去り、ご一緒に高天原に上って天つ神の御教えをお受けになります。

天つ神は高天原の究極の神々ですが、その天つ神も『古事記』には「ふとまに卜相《うらな》ひて」とあるように、先祖の神様の御心を伺っているのです。

天つ神でも、先祖の「いのち」から離れないように、異心を祓って初めから存在している天地一貫の「いのち」に御心を合わせているのです。くどいようですが、これは論理の世界ではなく、天地一貫の「いのち」を命題とする世界です。

つまり、『古事記』『日本書紀』の神代巻《じんだいのまき》は、本来は言葉にできない世界を言葉にしたものなのです。

祓えは天つ神の心と一つになるための儀式

室町時代の神道家忌部正通《いんべまさみち》は、『日本書紀』の神代紀の注釈書である『神代巻口訣《じんだいのまきくけつ》』の凡例にこう記しています。

「辞《ことば》を嬰児《えいじ》に仮《か》りて、心を神聖に求む」

言葉を生まれたばかりの赤ん坊と一つにして、まっすぐな素直な心にならないと『日本書紀』は読めないという意味です。

『古事記』の序文にも、このように書かれています。

上古の時、言意《ことばこころ》並びに朴《すなお》にして、文《ぶん》を敷《し》き句《く》を構《かま》ふること、字におきてすなはち難し。已《すで》に訓によりて述べたるは、詞心《ことば》に逮《およ》ばず、全く音《おん》をもちて連《つら》ねたるは、事《こと》の趣《おもむき》更に長し。

古代では、言葉も心も素朴で、その心で考えていることを文字に書き表すのはとても困難でした。

まっすぐの素直な心とは、最初からある「いのち」のことです。本来、それを言葉で表すことはできません。しかし、言葉にしなければ後世に伝わらないので、あえて書き残したわけです。

ですから神代巻を解釈する時は、文字の意味よりも、その背後にある「心」を真っ先にとらえて文章を解釈していくことが大事です。

この「心」とは、先に述べた「天つ神諸《もろもろ》の命《みこと》もちて」です。

初めからある「いのち」である天つ神の「こころ」と一つになることが、日本人の道義・道徳の根源にある信仰です。知識（論理）が、自我の奥に隠れている「いのち」（道）と合致していくのです。

伊邪那岐命、伊邪那美命の二柱の神は、天つ神の御心と一つになって国土、神々と天地間に存在するすべての物の守り神をお生みになったのです。**わが国の神々は何もない所に生まれるのでなく、物実《ものざね》（神々が生まれてくる物種《ものだね》）から生まれます。**先述しましたが、「物（存在）には、物を生み給うた神様が宿っている」という信仰です。

天地万物には、私たちとまったく同一の「いのち」が流れているのです。

この生きて躍動する、初めからある「いのち」を、神代から今日まで祭り（祓え）を通して守ってきたのです。

しかし、本来の心から離れた異心《ことごころ》の状態では、この「いのち」が見えません。

その異心を祓い、初めからある天つ神の御心と一つになった時、大自然、大宇宙は自分自身であることがわかります。

これが国生み、神生みの根幹にあるものです。

つまり、**神々を生むのは私たち自身なのです。**

ですから、「天つ神の御心と一つになる」という一点を明らかにすることが何よりも重要です。これは**知識ではなく感得の世界であり、異心を祓うことなのです。**

記紀古伝承は、この視座から読まれなくてはいけません。

祓えによって生まれた神々

伊邪那岐命《いざなぎのみこと》、伊邪那美命《いざなみのみこと》の二柱の神は、天つ神の「こころ」と一つになって次々に神々をお生みになりましたが、火之迦具土神《ひのかぐつちのかみ》（火の神）をお生みになったために、伊邪那美命は陰部が焼かれて病気になり、亡くなってしまいます。

伊邪那岐命は、いとしい妻の死を悔しがり、腹ばいになりながら泣くとともに、その原因となった火之迦具土神を憎み、恨んでしまいます。

多くの研究者は、この時、伊邪那岐命が御子の火之迦具土神の首を斬ったと解釈しています。『古事記』の本文に「ここに伊邪那岐命、御佩《はか》せる十拳剣《とつかつるぎ》を抜きて、その子迦具土神の頸《くび》を斬りたまひき」とあるからです。

しかし、この解釈は誤りです。

火之迦具土神を殺した時、剣についた血から建御雷之男神《たけみかづちのをのかみ》がお生まれになったとされていますが、「我が子を斬る」という行為から神々はお生まれになりません。ここに欠落しているのは、**神々は、天つ神の御心と一つになった時に物から生まれるという鉄則です。**

二神の神々生成のご神業は簡単なことではなく、極めて苦悩・苦難の道であったのでしょう。我が子を斬ってしまいたいほど憎んだのも事実でしょう。

しかし、伊邪那岐命が斬ったのは、眼前の火之迦具土神ではなく、伊邪那岐命の「こころ」に映っている火之迦具土神（火之迦具土神を憎む異心）だったのです。

その後、伊邪那岐命は心を清め、黄泉《よみ》の国に伊邪那美命を迎えに行くのですが、そこでまたしても禁忌を犯してしまいます。

伊邪那美命に「私の姿を見てはいけない」と言われたにもかかわらず、つい覗き見してしまったのです。その異心の状態こそが、伊邪那岐命がその時目にした、伊邪那美命の体を這いまわる蛆虫や、数々の雷神《いかづちがみ》でした。

穢らわしい黄泉の国から逃げ帰った伊邪那岐命は、「筑紫《つくし》の日向《ひむか》の橘《たちばな》の小門《をど》の阿波岐《あはき》原《はら》」で徹底した禊祓《みそぎはらえ》をします。

その結果、すべての穢《けが》れが洗い流され、次々に神々が誕生し、最後の最後に左の御目から天照大御神《あまてらすおおみかみ》、右の御目から月讀命《つくよみのみこと》、そして御鼻から建速須佐之男命《たけはやすさのおのみこと》がお生まれになります。

つまり、禊祓によって伊邪那岐命は、ご自身の本性に感応し、天つ神の御心と一つになったのです。

その本体への感応は、次々に神々が誕生されたことを考えれば、何度も何度も体認されたことでしょう。そして、最終的な禊祓の到達点が三柱の貴い神々なのです。

祓えとは、不断の努力です。常に祓いし続けることが神道の神髄です。

神自身も先祖の神を祭ります

私たちの祈る対象である天照大御神は、高天原の主宰神です。しかし、主宰神でありながら、高天原で新嘗祭《にいなめさい》を執り行っていることは極めて重要です。『古事記』には次のように記載されています。

ここに速須佐之男命、天照大御神に白《まを》さく、「我《あ》が心清く明《あか》き故に、我が生みし子は手弱女《たわやめ》を得つ。これによりて言《まを》さば、自ら我勝ちぬ」と云ひて勝《かち》さびに天照大御神の営《つく》田《だ》の畔《あ》を離《はな》ち、その溝を埋め、またその大嘗《おおにへ》を聞こしめす殿《との》に屎《くそ》まり散らしき。

須佐之男命はお生まれになった時には天つ神の御心そのものでしたが、すぐに異心に覆われてしまいます。伊邪那岐命の一喝によって本来の清らかな御心を取り戻し、身の潔白が証明された瞬間、また乱暴を働き始めてしまうのです。

そして、天照大御神の田を荒らし、大嘗祭《だいじょうさい》（新嘗祭）の新穀を召し上がる御殿に屎《くそ》をまき散らかしてしまいました。

この古伝承から、天照大御神が大御神でありながら、御親《おんみずか》ら稲作をし、その初穂（新穀）を以て、天つ神を神ながらに祭られていることがわかります。

祀られる神が、祭る神でもあるのです。

天照大御神であっても常に慎んで、わが国一貫の「いのち」である先祖の天つ神から離れないよう努力されているのです。

この存在世界を超越している絶対神ではなく、その対極にあり、常に謙虚なのです。

大事なことは、天つ神でも絶対神でなく、先祖の神様の御心（神意）を伺っていることです。

日本人の使命

そのように天照大御神が努力されている一方で、須佐之男命の傍若無人な行いはますますエスカレートします。

ついには、天照大御神が天の石屋戸に籠られるという最悪の状況となります。

ここで初めて、今まで須佐之男命の乱暴なふるまいを見て見ぬふりをしていた八百万の神々は、天《あめ》の安河《やすのかわ》の河原に集まり、祭祀（神事）を執り行ったのです。布刀玉命《ふとだまのみこと》（忌部氏の先祖）はお供え物を担当し、天児屋命《あめのこやねのみこと》（中臣氏《なかとみ》の先祖）が祝詞を奏上しました。

すでに述べましたが、重要なのは、この祝詞が大祓詞であったと伝えられていることです。**「ひとたび大祓詞を奏上すると、天つ神の『いのち』から離れた異心は祓われる」**という信仰です。

八百万の神々は天照大御神の御前で、自らの見て見ぬふりをしていた異心を、大祓詞によってひたすら祓いました。するとその眼前には、須佐之男命の乱暴がもたらした暗黒世界の対極にある歓喜の世界が現れたのです。

しかし、外面のものは何一つ変化していません。変わったのは八百万の神々の心の方であり、そこに初めからある大歓喜の世界が現れただけなのです。

命題はあくまでも異心を祓い、初めからある、滅びない「いのち」と一つになることです。

この感動を、天宇受賣命《あめのうずめのみこと》が、天照大御神にこのように述べています。

「汝命《いましみこと》に益《ま》して貴き神坐《いま》す。故《かれ》、歓喜《よろこ》び咲《わら》ひ楽《あそ》ぶぞ」

この感動こそが、わが国の歴史の本源に流れている天つ神の「いのち」であり、この感動を守り伝えていくのが本来の日本人の使命だと思います。

わが国の道統に連なり、歴史に参画するということは、天つ神の「いのち」と一つになることなのです。

天照大御神が石屋戸を少し開けて外の様子をご覧になった時、八百万の神々は御鏡を差し出しました。その意味は、「この大歓喜の世界への感動を、御鏡を依り代として天照大御神に差し出し、祓えの努力をご照覧《しょうらん》いただいた」ということなのです。

天の石屋戸開きと八俣《やまたの》 大蛇《おろち》退治に共通するもの

天の石屋戸の祭祀（神事）によって祓われ、本体を回復した八百万の神々は、須佐之男命を高天原から追放します。

須佐之男命は苦労に苦労を重ねながら天降《あまくだ》りますが、途中で食物を大気都比賣神《おおげつひめのかみ》に求めます。

大気都比賣神は、鼻や口、またお尻からさまざまなおいしい食べ物を取り出して、さまざまな方法で調理して差し上げられました。ところが、そのふるまいを覗いた須佐之男命は、汚いことをして食べ物を食べさせられると思い、大気都比賣神を殺してしまいます。すると殺された大気都比賣神の身体から、蚕《かいこ》と稲、粟《あわ》、小豆、麦、大豆の五穀が誕生したのです。

これは先述の、伊邪那岐命が火之神を殺したという話と同じ構造です。

須佐之男命は、眼前の大気都比賣神を殺したのではなく、**御自らの御心に映った「大**

気都比賣神を汚らわしいと思う異心」を斬ったのです。

汚らわしいと思う心は、天つ神の御心から離れた異心です。

この古伝承は、須佐之男命の御心の祓えによって、五穀が誕生したことを伝えています。

まさに**「目に諸《もろもろ》の不浄を見て、心に諸の不浄を見ず」**（「六根清浄祓詞《ろっこんしょうじょうはらえことば》」）であり、この心の状態こそが天地の神々と一体の「神《かん》ながらの道」なのです。

須佐之男命は高天原で悪行を働いていた時とはまったく異なり、その御心は清らかに澄んでいきました。

『日本書紀』には、「辛苦《たしな》みつつ降《くだ》りき」とあり、須佐之男命は「たしなみ」（苦労）によって性格が一変して今度は貴い神になられたのです。

それゆえに、出雲の国の肥河の川上にお降りになった須佐之男命は、八俣《やまた》の大蛇《おろち》に七人の娘を食われた足名椎《あしなづち》・手名椎《てなづち》の夫婦と、最後に残った娘の櫛名田比賣《くしなだひめ》に出会った時、彼らの心の悲しみを、自分自身の身体の痛みのように感じる心が出てきました。

そして眼前の八俣の大蛇を退治すると同時に、須佐之男命の御心に映っている八俣の大蛇（八大煩悩）という異心をずたずたに斬って祓い浄められたのです。

ここにおいて須佐之男命は、自らの異心をすっかり祓い改め、天下の悪の象徴である八俣の大蛇を完全に亡ぼし、その御心は天つ神と一つになったのです。

大蛇の中から取り出した都牟刈《つむがり》の太刀《たち》とは、須佐之男命が天つ神より賜った貴い御心の依《よ》り代《しろ》のことであり、須佐之男命の清らかな御魂のことです。

須佐之男命はその都牟刈の太刀（草薙剣《くさなぎのつるぎ》）を天照大御神に差し出し、その苦労に苦労を重ねた祓の努力をご照覧《しょうらん》いただいたのです。

これもまた、先述の八百万の神々が、清明になった御心を、御鏡を依り代として天照大御神に差し出したのと同じ構造になっています。

そしてついに須佐之男命は、「我が御心すがすがしい」という境地を感得されたのです。

幸魂、奇魂とは何か

須佐之男命のご子孫の大国主神《おおくにぬしのかみ》は、誰よりもこの天つ神の御心を体認し、会得している心温かい神様です。

袋背負い、赤猪《あかい》抱き、大野の火難など幾多の試練を乗り越え、苦労に苦労を重ねながら、ついには須佐之男命の御霊代《みたましろ》も受け継いで葦原中国《あしはらのなかつくに》に帰られ、八十神《やそがみ》を降伏させて、天地一貫の「いのち」と一つになって国造りの大業に邁進してきました。

一度たりとも「おれの力だ」という傲慢な異心を起こしていませんでした。常に慎みながら下座行に徹してきたのです。ですから、何度も何度も自らの本性に感応し、天つ神の御心と一つになっているのです。

しかし、その大国主神でさえも、葦原中国を平定した時につい傲慢な異心が出てしまいました。

「今この国を治める者はただ私一人である。私と共に天下を治めることができる者が他にあるだろうか」（『日本書紀』）

その時です。不思議な光が海を照らしながら浮かび上がり、「もし私がいなかったなら、お前はどうしてこの国を平定することができたろうか。私がいたからこそ、お前は大きな国を造る手柄を立てることができたのだ」（同書）と言われたのです。

そこで大国主神が「お前は何者か」と尋ねられると、「私はお前の幸魂《さきみたま》、奇魂《くしみたま》だ」と答えられたのです。

既述の神道家忌部正通《いんべまさみち》の『神代巻口訣《じんだいのまきくけつ》』（一三六七年）には、この幸魂、奇魂のことを大国主神の「心神《しんしん》を出現して」とあり、その心神を天つ神の霊《みたま》なりと述べています。

つまり、**幸魂、奇魂とは、自我の奥に隠れている私たちの本体である天つ神の御魂のことです。**大国主神は幾多の試練を経て、すでに何度も何度も体認し会得していた御心です。

ですから大国主神は、「本当の功績はお前の幸魂、奇魂だ」と言われた時、すぐにこう奉答されました。

「そうです。わかりました。あなたは私の幸魂、奇魂です。今どこに住みたいと思われますか」

この幸魂、奇魂が、大神《おおみわ》神社（奈良県桜井市）のご祭神の大物主神《おおものぬしのかみ》です。

そして、大国主神は天つ神の御心と一つになって葦原中国を平定し、やがて天つ神のご命令によってその国土を天孫に奉還し、天孫と一緒になってわが国一貫の「いのち」である皇統守護《こうとうしゅご》の任に就かれたのです。

「いのち」が永遠不滅だからこそ、神社があります

私たちの肉体はいずれ滅びます。しかし、その本体の御霊（魂）、「いのち」は決して滅びることなく、永遠に生き続け、子孫の幸福を見守っているのです。

神代より滅びない「いのち」を君臣が一つになって今日まで守ってきたのが、わが国の国柄です。

繰り返しますが、その自分自身の中に流れている、滅びない「いのち」を明らかにし、守る。これが霊魂不滅の信仰です。

その証拠となるのは、全国の神社の存在です。

神代の神々が今、全国約八万の神社にご鎮座されている事実が貴いのです。**ご神霊（いのち）、すなわち「神様の御魂は滅びない」という絶対の確信があるからこそ、神社祭祀は執り行われています。これが神社神道の根幹にあるものです。**この確信がなければ、すべては子どもの「まごとあそび」と同じになってしまいます。

ですから何よりも大事なことは、天孫降臨の際、天照大御神より天孫（皇孫）邇邇芸命《ににぎのみこと》に下された「天壌無窮《てんじょうむきゅう》の神勅《しんちょく》」です。

この章の初めの方でも述べましたが、この天壌無窮の神勅は、わが国の依《よ》って立つべき万古不易《ばんこふえき》の命題です。

大祓詞の奏上も、この神勅を守るためです。茶道、華道、書道、柔道、空手道、合氣道等々の「道」の根源にあるのもこの神勅です。

歴代の天皇陛下は、「この神勅の実現のために御力を与えてください」と御祈願し続けて来られたのです。

神勅の中の「寶祚《あまつひつぎ》の隆《さか》えまさむこと、當《まさ》に天壤《あめつち》と窮《きはま》り無けむ」の寶祚《あまつひつぎ》は、先述したように、天皇陛下の御地位のことではないと思います。

「天つ神、天照大御神の『いのち』と一つになってわが国を治めるという日本国家の本質、特質が永遠に守られる」(『崎門三先生の學問』参照)ととらえるべきでしょう。

私たちもまた、天皇陛下の御使命と同じ使命を帯びています。君臣が一つになって滅びない「寶祚《あまつひつぎ》」を神代から守ってきたのです。

これは大宇宙の本源にある天つ神、天照大御神の御心をこの世に現し、その御心で国を治め、国民が平安に暮らせる国家をつくり上げるという、私たちの遠い先祖が抱いた壮大な建国理想の実現なのです。

大嘗祭（新嘗祭）の祈りは日本人の原型です

そして、「天壌無窮の神勅」のご下命に対してお答え申し上げているのが、大嘗祭（新嘗祭）です。

大嘗祭（新嘗祭）における天皇陛下のご祈願がどのようなものかは、すでに近藤啓吾先生の高著『崎門三先生の學問』に明らかです。

その中で、後鳥羽《ごとば》上皇（第八十二代後鳥羽天皇）が御子順徳《じゅんとく》天皇に語られた大嘗祭の本義について、言及されている部分があります。

公家《こうか》（クゲとも訓《よ》む、天皇陛下のことを申し上げる）、悠紀《ゆき》・主基《すき》の神殿に於《お》いて祈請《きせい》せらる可《べ》き申し詞《ことば》、一昨日廿三《にじゅうさん》日、これを教へ申す。此の事、最も秘蔵の事なり。代々この事諸家の記に載せず。また知る人無しや。殊《こと》に秘蔵の事なり。その詞に云う。

伊勢の五十鈴《いすず》の河上に坐《ま》す天照大神、又天神地祇《てんじんちぎ》諸神《もろがみ》に白《もう》さく。朕《あれ》、皇神《すめがみ》の広き護りに因りて、国の中《うち》平らかに安らけく、年の穀《たなつもの》豊かに稔《みの》り、上下を覆《おお》ひ燾《おお》ひて、諸《もろもろ》の民を救《すく》ひ済《すく》はむ。仍《よ》りて今年新たに得たる所の新飯《にいいい》を供へ奉《たてまつ》ることかくの如し（後略）（『増補史料大成』第一巻歴代宸記）。

これを参照すれば、大嘗祭（新嘗祭）の眼目は、「国の中《うち》平らかに安らけく、年の穀《たなつもの》豊かに稔り、上下を覆《おお》ひ燾《おお》ひて、諸の民を救《すく》ひ済《すく》はむ」なのだということが、はつきりとわかります。

大嘗祭（新嘗祭）において天皇陛下が神々にご祈願されるのは、「国の平安と国民の幸福」なのです。

これは、天皇陛下のご責務が何であるかを最も明白に示すものです。

そのご責務とは、既述の「天壌無窮の神勅」に明示されているように、天照大御神より皇孫邇邇芸命、およびご歴代の天皇陛下に授けられたご使命を達成することなのです。

つまり、天照大御神からのご下命の「寶祚《あまつひつぎ》」（天《あま》つ日嗣《ひつぎ》）を命がけで守る、この使命実現のために、天皇陛下は日々ご努力されているのです。

使命とはすなわち、天つ神、天照大御神の「いのち」と一つになって、わが国の平和と国民の幸せを守ることです。

天皇陛下の御祈りのお姿は、私たち日本人の姿の最も純粋な原型なのです。

そして私たちも、私たちの幸せを思って努力された先祖の心に感謝し、先祖に祈りを続ける、その中で私たちの先祖もともに生き続けられるのです。

これがわが国の祭りの眼目です。

天皇陛下の御祈りと伊勢神宮の祈り

天皇陛下の御祈りは、伊勢神宮の祈りの本質でもあります。というのは、神宮と宮中の賢所《かしこどころ》とは一体不可分の関係にあるからです。

なぜなら、伊勢神宮のご祭神の天照大御神は、元々宮中に祀られていたからです。

それが第十代崇神《すじん》天皇の時代に疫病が蔓延したことから、天皇は神祭りをより丁重に執り行うために、今まで宮中の御殿の内にお祀りしてきた天照大御神を倭笠縫邑《やまとのかさぬいのむら》（奈良県桜井市）に祭られました。

次いで、第十一代垂仁《すいにん》天皇の時に諸国を巡られた後、現在地の五十鈴《いすず》川のほとりにご鎮座されたのです。

ですから畏《おそ》れ多いことでありますが、神宮祠官の職掌の最も重要な点は、「天皇陛下の御意（大御心）を中臣《なかつおみ》として天照大御神に取り持ちする」という役目にあるのです。『皇太神宮《こうたいじんぐう》年中行事』（明応三年・一四九四年）には、荒木田守晨《もりあさ》の次のような言葉が記されています。

それ皇太神宮の禰宜《ねぎ》たる者は、天下の御祈禱《ごきとう》を致す、国家第一の重職、朝家《ちょうか》清撰《せいせん》の器《き》なり。

伊勢神宮の神職は、ひたすら「天下の御祈禱」を致すことを職とする。これは国家最大の重職であり、わが国で特に選ばれた者である。この言葉には、天照大御神に奉仕する者としての強い自覚と誇りが窺《うかが》い知れます。

天下の御祈禱とは、もちろん、全国の神社で行われている厄除、家内安全、商売繁盛等々の個人祈願ではありません。神宮祠官の役目から判断すれば、天下の御祈禱とは天皇陛下の御祈りです。

天皇陛下のご祈願の最も重要な点は、先述したように「天壌無窮の神勅」の「寶祚《あまつひつぎ》」（天つ日継ぎ）を守ることです。

天皇陛下が天照大御神にご祈願される時、そこに個人的な祈りはまったくなく、**国家の平安と国民の幸福だけを祈られているのです。**

神宮祠官は中臣《なかつおみ》として奉仕することによって、この天皇陛下のご祈願の大御心を自らのうちに実感し、天皇陛下の御祈りと一つになってご奉仕してきたのです。

『造《ぞう》伊勢二所太神宮宝基本記《にしょだいじんぐうほうきほんぎ》』（鎌倉時代初期成立、以下『宝基本記』と記す）によれば、垂仁天皇二十六年（紀元前四年）の新嘗祭の夜、神主部・物忌等に対して、天照大御神から次のような託宣《たくせん》がありました。

吾《われ》、今夜、太神《おおかみ》の威命《いめい》を承けて託宣する所なり。
神主部・物忌《ものいみ》等よ、慎みて解《おこた》ること無く、正明《まさ》しく聞け。
人は乃《すなわ》ち天下《あめのした》の神物《しんもつ》なり、須《すべか》らく静謐《せいひつ》を掌《つかさど》るべし。
心は乃《すなわ》ち神明の主《しゅ》たり、心神《しんしん》を傷《いた》ましむる莫《なか》れ。
神は垂《た》るるに、祈禱《きとう》を以て先と為し、
冥《めい》は加ふるに、正直《せいちょく》を以て本《もと》と為す（『神道大系』）。

この託宣は、神宮において最も重要な儀式である神嘗祭《かんなめさい》が、宮中の新嘗祭の延長線上にあることを証明するものです。
なぜならこの記事に書かれているのは、天照大御神が伊勢にご鎮座された年のことであり、まだこの時点では、神宮祭祀の体系が整備され、伊勢の地で神嘗祭が執行されていたとは考えられないからです。

この新嘗祭は後世の神嘗祭にあたるものの、この時は宮中祭祀における新嘗祭をそのまま継承していることが読み取れるのです。

神宮において古来、新嘗祭が行われなかったことは、『皇太神宮儀式帳《ぎしきちょう》』（八〇四年）、『延喜式《えんぎしき》』（九二七年）に記載されていないことからも明白です。

伊勢にご鎮座当初、執り行われていた新嘗祭は、神宮で最も古い『皇太神宮儀式帳』（八〇四年）では神嘗祭《かんなめさい》に変化し、祭りの時期も十一月から九月へと変わっているのです。

いつ、新嘗祭から神嘗祭へと変化したのかは特定できません。しかし、少なくとも平安初期には神嘗祭が執り行われています。

「私たちの本性は神性なもの」です

『皇太神宮儀式帳』によれば、神嘗祭前夜の九月十五日に「古式の川原祓《かわはらばらえ》」がご斎行されています。

九月十五日に天照大御神より託宣《たくせん》を賜るとその夜より準備を始め、日付が変わると、託宣の教えに基づいて禰宜《ねぎ》、内人《うちうど》、物忌《ものいみ》等の館の解除（祓え）を行い、それが終わると今度は河原に集まり、一人ひとりが自分自身の罪事を天照大御神に告白し、深く反省回心した後に解除（祓え）を行ったのです。

神嘗祭とは、前夜の「古式の川原祓」も含めての一連の祭儀です。神嘗祭に奉仕するにあたっては、祓えに祓えを重ねながら天照大御神の御心に限りなく近づき、清浄な心身で行うことが最大の条件だったのです。

神嘗祭に象徴される神宮祭祀に奉仕する神宮祠官の祓えの眼目は、何よりも「天照大御神の神教《み》え」そのものにありました。そこから想起されるのが、既述の「天壌無窮の神勅」の「寶祚《あまつひつぎ》」のご下命です。

その「天照大御神の神教え」を言葉にしたものこそが、『宝基本記《ほうきほんぎ》』の

「人は乃《すなわ》ち天下《あめのした》の神物《しんもつ》なり、須《すべか》らく静謐を掌《つかさど》るべし。

心は乃ち神明の主たり、心神《しんしん》を傷ましむる莫《なか》れ。
神は垂るるに、祈禱を以て先と為し、
冥《めい》は加ふるに、正直《せいちょく》を以て本《もと》と為す」（前掲書）

という、天照大御神からの託宣なのです。

このように、伊勢においては、天照大御神に直接ご奉仕する神官祠官の間に『宝基本記』に記載されている**「私たちの本性は神性なもの」**という内容に近い、天照大御神の託宣に関する古伝書が存在していました。

これは、その源流である宮中祭祀からの伝承であり、天皇陛下の御祈りそのものなのです。

滅びない「いのち」を敢えて言葉で表した理由とは？

畏れ多いことではありますが、神宮祠官の祈りは個人的なものでなく、天皇陛下の御祈りと一つになることがその眼目です。

しかし、それは文字で残されることなく、口伝《くでん》で伝わってきました。言語道断《ごんごどうだん》（究極の真理は言葉で表せないこと）、不立文字《ふりゅうもんじ》（悟りは文字や言葉で表せないこと）といわれるように、**大事なことは言葉化できないのです。**まさに以心伝心です。

神宮祭祀の集約は神嘗祭ですから、『皇太神宮儀式帳』の神嘗祭における「天照大御神の神教え」こそは、神宮祠官が当初から一貫して伝承してきた祓えの神髄であり、この一点にこそ、神宮祠官の深い祈りが込められていると言っても過言ではないのです。

つまり、神宮祠官にとって「天照大御神の神教え」は、万古不易の命題であり、祈りの結晶ともいえるのです。

その言葉化できない本源の「いのち」の言葉化が、なぜ行われたのか。

その時代背景にあるのは、仏教の末法《まっぽう》思想です。

末法とは仏教の歴史観であり、正法《しょうぼう》、像法《ぞうぼう》、末法《まっぽう》という三つの時代区分の一つです。

正法の時代とは、お釈迦様の正しい教えと修行によって現実に悟りを開く者がいる時代。像法の時代とは、お釈迦様の教えとそれに基づく修行はありますが、悟りを開くことが不可能な時代。そして末法の時代とは、お釈迦様の教えだけは残っていますが、修行も行われず、絶望に満ちた救われない時代です。

正法、像法、末法の期間については諸説ありますが、わが国では正法一千年、像法一千年、末法一万年の説が採用され、永承七年（一〇五二年）に末法時代に入ったと信じられました。

日照り、水害、地震、火山爆発などの天変地異、疫病の流行などにより、人々は末法時代に絶望し、自殺往生の思想も広まったのです。

鴨長明《かものちょうめい》の『方丈記』によれば、京都の鴨川の河原は多くの死体であふれたと伝えられています。また、天皇陛下は百代で終わるとする百王《ひゃくおう》思想も広まりました。いわゆる終末思想です。

このような悲観的な時代にあって、浄土教は、人間は過去の宿業《しゅくごう》（過去に悪い行いをしたので、いま悪い状態に生まれ変わっているという思想）ゆえに、救われがたい存在であるとし、現世を否定して来世《らいせ》に救いを求めたのです。

南無阿弥陀仏、南無阿弥陀仏と念仏を唱えて阿弥陀仏に末法の救いを求め、ひたすらすがったのです。

鎌倉新仏教は、誰でも容易に救われると説きました。これに対して真言宗、天台宗の密教では、神道思想の根幹にある祓えの思想までも取り入れて、その教えが末法思想にも適応すると主張しました。

神道において、天照大御神から賜った託宣の言葉化が初めて行われたのは、まさにこの時です。

二十年に一度の式年遷宮（大神嘗祭）を担う神宮祠官は、ご遷宮の祭儀そのものが末法思想とは対極にある思想であることを認識し、古代から口伝《くでん》によって伝承されてきた神嘗祭前夜の天照大御神からの託宣を、初めて言葉にしたのです。

それが先述の『宝基本記』に記されている託宣です。その意味は以下の通りです。

「私たちは神様より大切な『いのち』を授かった神性な存在であるから、心は穏やかに慎み深く生活しなければならない。
自らの心に神様は存するのであるから、
絶対に我欲我見によって心の神様を傷つけてはならない。
神様の御めぐみをいただくには、何よりも心からの祈りが大切であり、また神様のご加護を受けるには、正直の心を守ることが根本である」

その眼目は、心神思想です。

「心神」とは大宇宙の主宰神、天之御中主神であり、その御神徳が現象界に現れた天照大御神です。伊勢では、両神は一体であるとして信仰されていたのです。

そして、**私たちは誰でも、その天之御中主神、天照大御神を心の中に宿しているのです。**私たちの「いのち」には神代以来の先祖の「いのち」が生きており、一人ひとりがとても貴い存在なのです。

要するに、私たちの本性は神性なものであり、その本性を回復するならば、末法時代といえども悲観する必要はないし、それを克服できるというものです。

ここには仏教の宿業思想とは根本的に異なった、自らの本性に対する限りない感動と感謝があります。

自分自身の中の初めからある「いのち」、滅びない「いのち」に対する感動なのです。

今、こうして生きていることのありがたさ

先祖の「いのち」（心神）と一つで生きている限り、天地の初めは毎日、今日この日なのです。永遠の中の今です。

南北朝時代の北畠親房《きたばたけちかふさ》公は、「代《よ》くだれりとて自ら苟《いやし》むべからず。天地の始《はじめ》は今日を始とする理《ことわり》なり」（『神皇正統記』）と述べています。

親房公は、**正直の心（心神）こそが天照大御神の御心**であり、大御神の本誓であるから「時が流れても、今は無限の過去から無限の未来へ向かっての一貫の『いのち』であ

り、その正直の心に留まっているかぎり、**天地の始めは毎日今日である**」と主張されているのです。

この場合の「正直」とは、今日いわれる「噓をつかない」という意味でなく、**人間が生まれたままの清浄無垢《むく》の本来の姿に立ち返ることです。**

つまり、「心神」と同義語なのです。

私たちは決して単独で、父祖兄弟と互いに対立した独立の人格として存在しているのではありません。父祖を通して自我の奥に隠れている天地一貫の「いのち」に生かされているのが、本来の姿です。

最新の科学では、「いのち」のもとになる材料を集めることはできますが、「いのち」そのものを創ることはできないといわれています。

当然です。「いのち」は初めからあるのですから。

誕生と死も、その「いのち」の中の出来事なのです。

滅びない「いのち」が初めからあるのです。

何よりも、私たちはすでにその貴い「いのち」をいただいて生きています。
今、こうして生きているということは、只事《ただ》ではないのです。
この伊勢の天照大御神の神《み》教えが、私たちの先祖が神代から守ってきた天地一貫の「いのち」であり、「神ながらの道」なのです。

なぜ大祓詞が大切な祝詞とされるのか？

この心神思想は、中世の伊勢神道の大成者である度会家行《わたらいいえゆき》、北畠親房公、さらに江戸時代の度会延佳《のぶよし》、山崎闇斎《あんさい》など多くの神道家に多大な影響を与え、その影響は現代まで続いています。

とりわけ北畠親房公は、末法思想、百王思想の蔓延とともに動乱にあけくれている南北朝時代の末世《まつせ》的なわが国の現状を、伊勢神道に依拠しながら克服しようとしたのです。

その拠り所としたものは、先の『宝基本記』の託宣に明示されているように、**私たちの本性は神性なものであり、その心には天照大御神の御心と同一の神霊が宿っていて、**

私たちは天照大御神の「いのち」に連なっているという信仰です。

つまり、わが国の本来の姿である神国は、すでに神様から私たち一人ひとりの心の中に与えられているのです。

その本来の神性な心を取り戻せば、末法・末世という状況下にあるわが国の現状を克服することができる。それが神勅に示された天壌無窮の理想の姿であると親房公は信じていたのです。

国家安寧《あんねい》の道は、私たち一人ひとりの問題であり、その本来の姿への回帰にあるのです。

この親房公の信念は、観念的なものではありません。畏れ多いことではありますが、天皇陛下をはじめとしてすべての人々に「左を左とし右を右とし、元《はじめ》を元《はじめ》とし本《もと》を本《もと》とす」と、その本来のあるべき姿に回帰せよと叫んだのです。

この本姿《ほんし》への回帰は、中世だけでなく、いつの時代でも日本人の心の拠り所であり、希望の灯《ひ》となっています。

そして、ポスト近代を模索している世界の潮流の中、目下の内外の諸問題の克服も、この一点が守られるかどうかにかかっています。

私たちの先祖が神代から大祓詞を奏上してきたのは、自分自身の中に流れている、初めからある、滅びない「いのち」を守るためです。

今なお全国に八万の神社があり、祭祀が執り行われていることは極めて重要です。**神道の本質は大祓詞であり、祓えに始まり祓えに終わることだからです。**私たちが考えた思想ではなく、眼前に展開している天地一貫の「いのち」のことです。神社の存在が、無限の過去と今が一つであることを証明しています。

目下の新型コロナウイルス禍の一番の問題点は、「すべては滅ぶ」という恐怖・不安の心が社会全体を覆っていることです。私たち一人ひとりがその異心を祓って、心の健康を取り戻すことが最も大切です。

そして、滅びる世の中にあって滅びない「いのち」と一つになること。それが最大の免疫力をもたらします。

その拠り所が、神代から続くわが国の精神の結晶である大祓詞です。

大祓詞は、神社関係者だけの祝詞ではなく、すべての日本人が自覚しなければならない大切な祝詞なのです。

大祓詞は千三百年も伝えられている、本物の祝詞です

ここまで、記紀古伝承等を参照しつつ、大祓詞を土台として受け継がれてきたわが国の神道、祭り、日本人および日本という国の本来の姿について述べてきました。

ここからは、大祓詞の概要や歴史について、さらに解説していきましょう。

大祓詞とは、大祓の時に神前で奏上する祝詞です。

平安時代には、毎年六月と十二月の晦日（月の最終日）に大祓が執り行われ、宮城《きゅうじょう》正門の朱雀門《すざくもん》前の広場に、親王をはじめ、大臣以下の大勢の男女の役人を集めて、半年間の罪・穢《けが》れを祓い清めました。

この大祓は、現在でも宮中や全国の神社で、六月と十二月の最終日に執り行われています。

わが国の政治の眼目は、本来の心から離れた異心《ことごころ》、つまり天つ罪・国つ罪を祓い浄めることなのです。

異心を祓って心中の神様に出ていただき、世の中を高天の原にすることが、本来の日本人の信仰です。この貴い身体が異心に使われてはならないのです。

大祓とは、自分の本性を自覚し、初めから眼前に展開している「神ながらの道」を明らかにすること。自分自身の心の開闢《かいびゃく》こそが、本当の祓えです。

大祓詞は、古くは中臣祓《なかとみのはらえ》、中臣祓詞《なかとみのはらえことば》、中臣祭文《なかとみのさいもん》とも呼ばれました。それは、祝詞の宣読者が中臣氏であったからです。

大祓詞が文献上に最初に見出されるのは『日本書紀』（七二〇年）で、「天児屋命《あめのこやねのみこと》をして、其《そ》の解除《はらへ》の太諄辞《ふとのりと》を掌《つかさど》りて宣《の》らしむ」とあります。

『古事記』（七一二年）には「天児屋命《あめのこやねのみこと》、太詔《ふとのり》戸《と》言《ごと》禱《ほ》き白《まを》して」とありますが、祓《はら》え

（解除《はらえ》）と記載されていないので、大祓詞が初出した文献とするのは難しいといえます。

しかし、中臣氏の先祖である天児屋命が宣読していることから、「大祓詞と推定することも可能ではないか」と本居宣長《もとおりのりなが》は主張しています。

なお、斎部広成《いんべひろなり》撰上（編集）の『古語拾遺《こごしゅうい》』（八〇七年）には「此《こ》の天罪《あまつつみ》は、今の中《なか》臣《とみ》の祓詞《はらへことば》なり」とあります。

『古事記』の編纂は元明《げんめい》天皇和銅五年（七一二年）、『日本書紀』は元正《げんしょう》天皇養老四年（七二〇年）ですから、大祓詞は少なくとも千三百年前から祭りの場で唱えられていて、それは今日でもまったく変わることなく続けられています。

長く風雪に耐えてきたということは、本物の祝詞ということです。

何よりも大祓詞が千三百年もの長い間伝えられ、いつの時代にあっても私たち日本人の拠り所となっているのは、その信仰が私たちの日本人の本源的人間観であり、日本民族の「いのち」そのものであるからです。

神道では、私たちは天地《あめつち》の御霊《みたま》（いのち）を受けた存在。元々きれいな存在。それゆえに異心を祓えば、その清々しい御霊（いのち）に戻ることができるという信仰が、大祓詞の根本にあるものです。

大祓詞の一番大切なところは、清々しい「こころ」に戻れること

そもそも神道とは、言語化できない初めからある天地一貫の「いのち」（心神）を、儀礼（祭祀）を通して神代から今日まで守り伝えてきたものです。

ですから本当は言葉で説明するものではなく、先に述べたように「祓えに始まり祓えに終わる」のが正しいのです。

『古事記』冒頭は、「天地初発之時《あめつちはじめのとき》」で始まります。『日本書紀』も同じで、天地（大宇宙）は初めからあったということです。ともに、最初から天地がある、大宇宙があるのです。

それでは、いつから始まったのか？

その始めがないのです。
始めがないということは、終わりがないということ。
常に今なのです。永遠の中の今です。
これを中今《なかいま》といいます。

その初めからある天地の中に、すでに「いのち」が宿っているのです。先述の通り、本来の日本人の信仰は、物（存在）には物を生み給うた神様が宿っているというものです。これを物実《ものざね》（神々が生まれてくる物種《ものだね》）といいます。

そして、私たちの遠い先祖は、最初の神様を天之御中主神《あめのみなかぬしのかみ》とお呼び申し上げました。

天之御中主神《あめのみなかぬしのかみ》、高御産巣日神《たかみむすひのかみ》、神産巣日神《かみむすひのかみ》、宇摩志阿斯訶備比古遅神《うましあしかびひこぢのかみ》、天之常立神《あめのとこたちのかみ》までの五柱の神々を、天つ神の中でも最も貴い特別な神様ということで、別《こと》天つ神と申し上げます。

重要なのは、この神々は私たちの身体の中にもご鎮座されているということです。

というのは、私たちはこの大宇宙から切り離されて別個に存在しているのではなく、大宇宙の中で生かされている存在だからです。

私たちが今ここに存在しているのは、単独ではなく父母、兄弟、姉妹など無限の関係性の中で生かされているからです。他者と無関係な個人はあり得ないのです。

「一即一切《いちそくいっさい》、一切即一《いっさいそくいち》」（一つの個体は全体の中にあり、固体の中に全体がある）の関係。個人の集合が大宇宙であり、同時に大宇宙によって私たちは生かされているのです。

一（個人）の存在は、全存在（大宇宙）と同一なのです。

私たちの「いのち」を両親、祖父母、曾祖父母、高祖父母と次第に遡っていけば、やがて五柱の神々に、天之御中主神に行き着きます。

ですが、それらの神々は遠い過去の存在ではなく、今、私たちの身体の中にも生き続けているのです。

この事実を体認する。その「天地初発之時《あめつちはじめのとき》」の清々しい「こころ」に戻ることができるというのが、大祓詞の一番大切なところです。

大祓詞の本文は、以下の通りです。

大祓詞《おほはらへのことば》

高天原《たかまのはら》に神留《かむづま》り坐《ま》す　皇《すめらが》親《むつ》神漏岐《かむろぎ》　神漏美《かむろみ》の命《みこと》以《も》ちて　八《や》百萬《ほよろづの》神《かみ》等《たち》を神集《かむつど》へに集《つど》へ賜《たま》ひ　神議《かむはか》りに議《はか》り賜《たま》ひて　我《あ》が皇御孫命《すめみまのみこと》は豊葦原水穂國《とよあしはらのみづほのくに》を　安國《やすくに》と平《たひら》けく知《し》ろし食《め》せと　事依《ことよ》さし奉《まつ》りき此《か》く依《よ》さし奉《まつ》りし國中《くぬち》に　荒振《あらぶ》る神等《かみたち》をば　神問《かむと》はしに問《と》はし賜《たま》ひ神掃《かむはら》ひに掃《はら》ひ賜《たま》ひて　語問《ことと》ひし　磐根《いはね》　樹根《きね》立《たち》　草《くさ》の片葉《かきは》をも語止《ことや》めて　天《あめ》の磐座《いはくら》放《はな》ち　天《あめ》の八重雲《やへぐも》を　伊頭《いづ》の千別《ちわ》きに千別《ちわ》きて　天《あま》降《くだ》し依《よ》さし奉《まつ》りき　此《か》く依《よ》さし奉《まつ》りし四方《よも》の國中《くになか》と　大倭日高見國《おほやまとひだかみのくに》を安國《やすくに》と定《さだ》め奉《まつ》りて　下《した》つ磐根《いはね》に宮柱《みやばしら》太敷《ふとし》き立《た》て　高天原《たかまのはら》に千木《ちぎ》高《たか》知《し》りて　皇御孫命《すめみまのみこと》の瑞《みづ》の御殿《みあらか》仕《つか》へ奉《まつ》りて　天《あめ》の御蔭《みかげ》　日《ひ》の御蔭《みかげ》と隠《かく》り坐《ま》して　安國《やすくに》と平《たひら》けく知《し》ろし食《め》さむ國中《くぬち》に成《な》り出《い》でむ天《あめ》の益人《ますひと》

等《ら》が　過《あやま》ち犯《をか》しけむ種種《くさぐさ》の罪事《つみごと》は　天《あま》つ罪《つみ》　國《くに》つ罪《つみ》　許許太久《ここだく》の罪《つみ》
出《い》でむ　此《か》く出《い》でば　天《あま》つ宮事《みやごと》以《も》ちて　天《あま》つ金木《かなぎ》を本《もと》打《う》ち切《き》り　末《する》
打《う》ち断《た》ちて　千座《ちくら》の置座《おきくら》に置《お》き足《た》らはして　天《あま》つ菅麻《すがそ》を本《もと》刈《か》り断《た》ち
末《する》刈《か》り切《き》りて　八針《やはり》に取《と》り辟《さ》きて　天《あま》つ祝詞《のりと》の太祝詞事《ふとのりとごと》を宣《の》れ
此《か》く宣《の》らば　天《あま》つ神《かみ》は天《あめ》の磐門《いはと》を押《お》し披《ひら》きて　天《あめ》の八重雲《やへぐも》を伊頭《いづ》の
千別《ちわ》きに千別《ちわ》きて　聞《き》こし食《め》さむ　國《くに》つ神《かみ》は高山《たかやま》の末《する》　短山《ひきやま》の末《する》に
上《のぼ》り坐《ま》して　高山《たかやま》の伊褒理《いぼり》　短山《ひきやま》の伊褒理《いぼり》を搔《か》き別《わ》けて聞《き》こし食《め》さ
む　此《か》く聞《き》こし食《め》してば　罪《つみ》と云《い》ふ罪《つみ》は在《あ》らじと　科戸《しなど》の風《かぜ》の天《あめ》の
八重雲《やへぐも》を吹《ふ》き放《はな》つ事《こと》の如《ごと》く　朝《あした》の御霧《みぎり》　夕《ゆふべ》の御霧《みぎり》を　朝風《あさかぜ》　夕風《ゆふかぜ》の
吹《ふ》き拂《はら》ふ事《こと》の如《ごと》く　大津邊《おほつべ》に居《を》る大船《おほふね》を　舳《へ》解《と》き放《はな》ち　艫《とも》解《と》き放《はな》ち
て　大海原《おほうなばら》に押《お》し放《はな》つ事《こと》の如《ごと》く　彼方《をちかた》の繁木《しげき》が本《もと》を　焼鎌《やきがま》の敏鎌《とがま》以《も》
ちて　打《う》ち掃《はら》ふ事《こと》の如《ごと》く　遺《のこ》る罪《つみ》は在《あ》らじと　祓《はら》へ給《たま》ひ清《きよ》め給《たま》ふ事《こと》
を　高山《たかやま》の末《する》　短山《ひきやま》の末《する》より　佐久那太理《さくなだり》に落《お》ち多岐《たぎ》つ　速川《はやかは》の瀬《せ》

に坐《ま》す瀬織津比賣《せをりつひめ》と云《い》ふ神《かみ》　大海原《おほうなばら》に持《も》ち出《い》でなむ　此《か》く持《も》ち出《い》で往《い》なば　荒潮《あらしほ》の潮《しほ》の八百道《やほぢ》の八潮道《やしほぢ》の潮《しお》の八百會《やほあひ》に坐《ま》す速開都比賣《はやあきつひめ》と云《い》ふ神《かみ》　持《も》ち加加呑《かかの》みてむ　此《か》く加加呑《かかの》みてば　氣吹戸《いぶきど》に坐《ま》す氣吹戸主《いぶきどぬし》と云《い》ふ神《かみ》　根國《ねのくに》　底國《そこのくに》に氣吹《いぶ》き放《はな》ちてば　根國《ねのくに》　底國《そこのくに》に坐《ま》す速佐須良比賣《はやさすらひめ》と云《い》ふ神《かみ》　持《も》ち佐須良《さすら》ひ失《うしな》ひてむ　此《か》く佐須良《さすら》ひ失《うしな》ひてば　罪《つみ》と云《い》ふ罪《つみ》は在《あ》らじと　祓《はら》へ給《たま》ひ清《きよ》め給《たま》ふ事《こと》を　天《あま》つ神《かみ》　國《くに》つ神《かみ》　八百萬神等共《やほよろづのかみたちとも》に　聞《き》こし食《め》せと白《まを》す

神拝詞（神社本庁蔵版より）

この大祓詞は、仏教の般若心経の倍の長さがあります。かなり長文ですので、これを覚えようと思ってもすぐには難しいでしょう。しかし、一日に一、二回。朝、昼、晩いつでもけっこうですから、大祓詞奏上を継続していただけたら、遅くとも二年ほどで丸暗記できます。早い方は三カ月、半年です。

暗記すると、どこにいても異心を祓うことができます。とても大切な祝詞です。ですが、ほとんどの方が知らないのです。わが国再興のために、何としても大祓詞を一人でも多くの方に伝えたいと私は考えています。

《現代語訳》

天上界の高天の原にご鎮座していらっしゃる私たちの尊い祖神である神漏岐命《かむろぎのみこと》と神《かむ》漏美命《ろみのみこと》とのお言葉によって、多くの神々を何度もお集めになり、その神々とご相談を重ねられた結果、皇御孫《すめみま》の命（天照大御神のご子孫の天皇）に、豊かに生い茂った葦原の美しい稲穂の実るわが国を平和で穏やかに、そして国民が幸せになるようにお治めください、とご委任申し上げました。

このようにご委任申し上げた国の中で、従わない神々に対しては、なぜ乱暴するのかと神様はお尋ねになり、神様が追い払うこととして、追い払い一掃なさいました。

その結果、それまで物を言っていた岩や木の切り株、草の一枚の葉までが話すことを止め、国内は平定されました。そして、皇御孫の命が天の神の御座所《ござしょ》を離れ、天の幾重にも重なる雲を勢いよく押し分けに押し分けてわが国に天降られました。

このようにご委任申し上げた四方《よも》の国の中心として、すばらしい大和の国の太陽の高く輝く国を穏やかな安らかな国とお決め申し上げて、その地下にある岩盤に神殿の御柱をしっかりと立てて、高天の原に届くように千木《ちぎ》をつけて皇御孫の命の若々しく生き生きとした壮大な神殿をご造営申し上げました。そして、天上界の神殿、また天照大御神のご子孫の天皇の神殿として、その神殿に皇御孫の命はお籠《こも》りになり、わが国を安穏《あんのん》な国として平穏にお治めになられました。

しかし、そのような国の中に生まれ出た本来は立派な人が間違えて犯したという様々の罪が次々と増えていき、天つ罪や国つ罪といった、実に多くの罪が現れることになった。

このように多くの罪が出てきたならば、高天の原の朝廷で定められた行事によって、金属のような堅い木の上下を断ち切り、多くの祓え物を置く台に十分に置いて、清らかな麻の上下を断ち切り、多くの針で細かく裂いて、天上界の神様から賜わった祝詞《のりと》で、かつ立派な祝詞を奏上しなさい。

このように行い祝詞を奏上するならば、天つ神は天の堅い門を押し開き、天の幾重にも重なる雲を勢いよく押し分けて聞いてくださるでしょう。また、国つ神は高い山や低い山の頂上に登り、雲や霧を強い力でかき分けて、お聞きになってくださるでしょう。

このように神様がお聞き入れくださったならば、全ての罪という罪はなくなるでしょう。それはまるで科戸《しなど》という風の吹き起こるところから吹く風が、天の幾重にも重なる雲を吹き飛ばすように祓い清めてくれるでしょう。

また、朝方の霧や夕方の霧を朝風や夕風が吹き飛ばすように、大きな港に停泊している大きな船の船首の綱と船尾の綱を解き放って大海原へ向けて船を押し放つように、向こうの茂った木の根もとを鋭利な鎌で刈り払うように、全ての罪は祓われて後に残る罪はなくなるようにと神様に祈って祓え清めていただきます。

高い山の頂上や低い山の頂上から、谷間を勢いよく下る流れの速い川瀬にいらっしゃる瀬織津比売《せおりつひめ》という神様が、全ての罪穢《けが》れを押し流して大海原に持って行ってくださるでしょう。

このように持って行ってくださったならば、荒々しい潮流があらゆる方向から集まってきて、それが重なり渦を巻いているところにいらっしゃる速開都比売《はやあきつひめ》という神様が、口を大きく開いて全ての罪穢れを手に持ってがぶがぶと勢いよく呑み込んでくださるでしょう。

このように呑み込んでくださったならば、息を吹くところにいらっしゃる気吹戸主《いぶきどぬし》という神様が、全ての罪穢れを根の国・底《そこ》の国に息を吹いて吹き飛ばしてくださるでしょう。

このように吹き飛ばしてくださったならば、根の国・底の国にいらっしゃる速佐須良比売《はやさすらひめ》という神様が、その吹き飛ばされてきた全ての罪穢れを持ってさまよい歩き、どこともなく捨て去ってなくしてくれるでしょう。

このようにさまよい歩き、罪穢れをなくしてくださったならば、一切の罪という罪はなくなるだろう、と神様に祈って祓い清めてくださることを、天上界の神様も地上界の神様も、そのほか全ての神様もご一緒にお聞き入れください、と申し上げる次第であります。

なぜ大祓詞が「天孫降臨」の場面から始まるのか?

祓え(大祓詞)によって、自分自身の神性の「いのち」を感得できれば、物の背後にある「いのち」がわかります。当然です。私たちは眼前の大自然とともに、同じ一貫の「いのち」に生かされているからです。

くり返しますが、**私たち自身が神様(天之御中主神)なのです。**

しかし、この場合の神様は、唯一絶対神である「ゴッド」とはまったく異なります。わが国の神様は、私たちと血の続いている先祖です。

ここをしっかり押さえることが大事です。

私たちの中には、天地《あめつち》の初めからある「いのち」が宿っており、私たちの先祖はその

「いのち」を神様と呼んだのです。

大祓詞の冒頭に書かれているのは、天照大御神が高天の原の神々と何度も相談された上で、地上の国を治めるために、お孫様でいらっしゃる邇邇芸命《ににぎのみこと》を遣わされた天孫降臨の場面です。

「高天原《たかまのはら》に神留《かむづ》まり坐《ま》す」の高天の原とは、神々がご鎮座されている天上界の神の国のことです。

これは神道の垂直三元的世界観の一つで、根《ね》の下国《したつくに》（黄泉の国）、葦原の中国《なかつくに》（現世）に対して、上国《うわつくに》のことを高天の原といいます。

天孫・邇邇芸命がなぜ天下られたかといいますと、この葦原の中国（豊葦原水穂國《とよあしはらのみづほのくに》）を高天の原にしようという、私たちの遠い先祖の壮大なわが国建国の理想実現のためです。

その場面を具体的に表しているのが、先述の、天照大御神より邇邇芸命に下された「天壌無窮の神勅」（『日本書紀』）です。

これがわが国の建国の大本にあるのです。このことだけでも、私たちの先祖がいかに高い理想を持っていたかがわかるのです。

それは観念的なことではなく、私たち一人ひとりが悪口、嫉妬、傲慢の異心を祓い、心中の高天の原を出すことなのです。

日常生活の一瞬一瞬こそが、滝に打たれる以上の荒行です

さて、大祓詞の冒頭の「高天原《たかまのはら》に神留《かむづ》まり坐《ま》す」に続く言葉は、「皇親《すめらがむつ》神漏岐《かむろぎ》神漏美《かむろみ》の命以《みことも》ちて」です。

「すめ」は尊ぶこと。祖神《おやがみ》のご神徳をたたえた形容詞です。「むつ」は親しみ睦まじいこと。

神漏岐《かむろぎ》神漏美《かむろみ》の二柱の神様は、古い時代に、私たちの遠い先祖である祖神《おやがみ》として信仰されていた神様です。そのご神名は『古語拾遺』『延喜式祝詞』『風土記』などに見ることができます。

「命以《みことも》ちて」とは、「ご命令によって」「お言葉によって」という意味です。

実はこの「命以ちて」というのが、非常に重要なポイントです。

神々のご命令、すなわち「御言《みこと》」を承り、実行することを「みこともち」と申し上げます。

本来、現実の人間の「いのち」そのものが「みこと」なのです。

神社神道では、このように生を受けた**私たち一人ひとりが、神々の「みこと」を受けた存在と考えています。**

したがって、天照大御神は自我やご自身のみの考えで神々を招集されたのではなく、祖神のご命令、お言葉によって、その御心に沿うために行動されたということです。

天照大御神であっても常に慎んで、わが国一貫の「いのち」である祖神の御心から離れないよう努力されているのです。

これが日本人の道義・道徳の根源にある信仰です。

何よりも、**祖神の御心と一つになる祈りは、「一つになりたい」という自我の異心で**

祈っても、決して叶えられません。しるし（結果）を求めないことです。

今、私たちは祖神の御心に生かされていて、初めから一つなのです。

私たちはすべて自分の意思で生きているようでいて、実はその大本にある祖神の御心によって生かされています。

それゆえに神道とは、その厳粛な事実に気づき、感謝の一心で生きることであり、余分な期待や欲望を手放すこと。つまり、祓え（大祓詞）なのです。

大祓詞の奏上は、自らが祖神の御心と一つになり、その御心、境地を体認し会得するところに妙味があります。そして、その御心を日常生活の中で実現するのです。日常生活から離れてしまうと、すべて観念的になります。

だからこそ、**日常生活は荒行なのです。**

この何でもないような**一瞬一瞬が、滝に打たれて修行する以上の荒行です。**

腹立つ心、不足・不満の心、嫉妬の心は、外から勝手に入ってくるものではなく、私たち自身の異心がつくり出しているものです。

この本来の心ではない異心を斬って捨て去り、祖神様の御心を仰いで、その御心をこの世に実現していくのが大祓詞の信仰です。

私たちは、自分の心境以上のものは見えません

大祓の祝詞に含まれる、さらにいくつかの言葉に注目してみましょう。

天照大御神は、祖神《おやがみ》（天つ神）の命をもって、わが国を平安に幸せに治めるよう、皇御孫命にご委任されましたが、当時、国土には天つ神の御心から離れている異心の荒々しい神々がたくさんいました。

そこで、祖神の御心をもって、なぜ心や言動が穏やかでないのか、なぜ悩んでいるのかをたずねているのが、大祓詞の「神問《かむと》はしに問《と》はし賜《たま》ひ　神掃《かむはら》ひに掃《はら》ひ賜《たま》ひて」という部分です。

これは、『古事記』『日本書紀』によれば、天孫降臨に先立って、高御産巣日神と天照大御神から遣わされた建御雷之神《たけみかづちのかみ》と経津主神《ふつぬしのかみ》が、出雲の荒ぶる神々を一掃されたこと

を表しています。

その結果、大国主神は国土を天孫・邇邇芸命に奉還し、出雲大社にご鎮座するとともに、天孫と心を一つにしてわが国一貫の「いのち」である皇統守護の任に就かれ、現在に至っているのです。

その次に、「言問《ことと》ひし磐根《いはね》　樹根立《きねたち》　草の片葉《かきは》をも語止《ことや》めて」とあります。「それまでものを言っていた岩や木の切り株、草の葉までが話すことをやめて」と言っているのですが、これは何を意味しているのでしょうか。

天つ神の御心から離れて荒ぶる神々がいれば、その神々と同一の「いのち」をいただいている岩や木、そして草などの大自然も、当然悪化していた。それが収まったということです。

私たちも同様です。本来の心から離れた異心の状態では、私たちを生かしてくれている「いのち」が見えません。

残念ながら眼前の世界は、どんな理由があろうと、私たちの心の反映です。

私たちは、自分の心境以上のものは見えないのです。

野に咲く草花が美しく見えるのは、自分の中に美しい心があるからです。しかし、荒ぶる神々の異心が祓われて清らかになると、山川草木に指一本触れなくても、結果として大自然も本来の姿を取り戻すことができました。同じ「いのち」ですから当然です。

地球環境問題を改善・解決していく根幹となるのも、この滅びない「いのち」に軸足を置くことにほかならないのです。

真の世界平和は、私たちの心を清めることから始まります

世の中を悪くしているのは、私たちがつくり出している人を嫌う心、親を嫌う心、功績を誇る心などの異心です。その一切の異心を自分の心の中に引き受け祓って、自分の心から外に出さないようにしなければ、真の世界平和は訪れないでしょう。

一切の根本は、自分自身の心を清めることです。

自分の心を清明にすることが、世の中の平安につながるのです。平和は遠くにあるのではなく、自分の中にあります。

ですから、どんな不幸と思われる罪穢れを呑み込んでも文句を言わず、出す時は喜びと感謝の言葉で話したいと思います。

なかなかこのような境地に到達することは難しいですね。

でも、それが自分自身の修行なのだと思います。

重ねて申し上げますが、滝に打たれる修行以上に難しいのが、日常生活です。

山の修行よりも里（日常生活）の修行が大切です。

明治天皇の御製《ぎょせい》に「罪あらば　我をとがめよ　天つ神　民は我が身の　生みし子なれば」という御歌があります。「国民の罪は私の罪であるから、天つ神様、私を罰してください」という意味です。まさに天照大御神の祈りそのものです。

天皇陛下の御祈りの中に、私たちは含まれているのです。

大祓詞において祓い清めてくださる神様は、祓え戸の四柱の神様をはじめ天つ神、国つ神、八百万の神々ですが、そのすべての神々は、私たちの心中にご鎮座されています。したがって私たちは、神様のご照覧を仰ぎ、そのお力をいただきながら、自分の責任において罪穢れを祓っていかねばなりません。なぜなら、世の中を悪くしているのは、私たち一人ひとりの異心だからです。

今、直面している地球・人類の危機的状況を救う手だても、つまるところ私たちの異心を祓うことなのです。

大祓詞において何よりも大事なことは、すべての大本に「皇親《すめらがむつ》神漏岐《かむろぎ》神漏美《かむろみ》の命以《みことも》ちて」があることです。

古事記でも、国生み、神生み、国造り、国固めの大本には、「天つ神諸の命もちて」があり、**天つ神より賜った「いのち」を異心によって汚すことなく、与えられたままに守るという鉄則があります。**

祖神（天つ神）の御心を第一に立て、その御心を自分自身の心として生きることが、最も大切なことです。

神道の「いのち」は、この「命以ちて」の中にすべて凝縮されています。

天照大御神は「皇親《すめらがむつ》神漏岐《かむろぎ》神漏美《かむろみ》の命《みこと》以《も》ちて」、皇御孫命（天皇陛下）は天照大御神の「命以ちて」です。

そして、この現実世界、とりわけ我が国を、高天の原のような安国《やすくに》にするというご使命をもって統治されています。今もそうです。私たちが気づいていないだけです。

しかし、そのような貴い国柄のわが国でも、祖神（天つ神）の御心、天照大御神の御心から離れると、知らず識らずのうちに罪穢れが出てきます。

だからこそ、**その罪穢れを祓って大本の、本来の清明な姿に立ち帰るのです。**

これが大祓詞の根本精神です。

大祓詞は、自らが祖神の御心、天つ神の御心と一つになり、その御心を体認し会得するところに妙味があります。神道は論理的な学問ではなく、私たちの清らかな本性に対する信仰であり、祓えを実行することによって「いのち」が与えられるのです。

しかしながら、この大切なことをただ言葉だけで伝えて、祓えの徹底を怠ると、天つ神の御心、天地一貫の「いのち」は絶えて、後世に伝わらなくなります。

今がその分岐点であると私は考えています。

ご神意は私たちのすぐそばにあります。

しかし、異心に覆われてご神意から離れれば、必ず滅びます。滅びないためには、大祓詞を拠り所として毎日、生かされている「いのち」に立ち帰ることです。

今、私たち人類は自らを滅ぼす道を歩むのか、それともこの大宇宙とともに発展していくのかという重大な岐路に立っています。


神代の姿がそのまま今に伝わっている尊い国柄のわが国と、その精神の結晶である「大祓詞」の使命は何よりも大きいと考えます。

未来を変えることは、私たちの心を変えることです。

私たちの心の中から対立的な異心を祓って祓って、初めから生かされている「いのち」に軸足を置くことが、今、最も求められています。

参考文献

小野善一郎著『日本を元気にする古事記の「こころ」』（青林堂）
小野善一郎著『あなたを幸せにする大祓詞』（青林堂）
小野善一郎著『大嘗祭のこころ』（青林堂）
小野善一郎著『凌霜のこころ』（日本文化興隆財団）
小野善一郎著『時代の大転換点』（日本文化興隆財団）
小野善一郎著『続　時代の大転換点』（日本文化興隆財団）
小野善一郎著『大祓詞の「こころ」』（日本文化興隆財団）

第3章

大祓詞をあなたの人生に活かしてください

大野百合子×小野善一郎

〈対談〉

「今こそ、神道、日本人の本来の心に立ち返ることです。つまり、山も川も大地も木も風も地球も自分だということです」（小野善一郎）

政治の道を邁進していた時、突然倒れてすべてを失った

大野 神々のお働きでしょうか。絶妙のタイミングで、しかもここ渋川八幡宮で、小野先生と直接お話をさせていただけることになって本当にびっくりしています。

先生の大ファンなので。

先生は、初めから國學院大の神道科に進まれたわけではないと伺っていますが。

小野 はい。私はもともと政治家になろうと思っていました。

大野 そのへんのお話も含めて、ぜひいろいろ聞かせていただきたいです。

まず、子どもの頃はどんなお子さんでしたか？

小野 わりと真面目で勉強することが苦ではありませんでした。むしろ、好きだったと

思います。

小野家、小野一族は、もともと南北朝時代は京都にいて、それから北畠親房《きたばたけちかふさ》公のご子息の顕家《あきいえ》公について福島に行ったんです。

だから今もって、福島県福島市瀬上町、そこの向瀬上《むかいせのうえ》という所には80軒ぐらい家がありますが、ほとんど全部が小野一族という珍しい地域です。土地を手放さないから、昔の姿がそのまま残っています。

言われてみると、やはり小さい頃の影響はあるかもしれません。目の前が阿武隈《あぶくま》川、後ろが阿武隈山脈で、緑の中に生きていましたので。だから自然との一体感といったものは、すごく自分の中にあります。

大野　自然児でいらしたんですね。お父様、お母様は神道家ではいらっしゃらない？

小野　神道家ではありません。でも、うちは庄屋で、鎮守《ちんじゅ》の森の世話人を代々勤めていましたから、村の集まりはすべて私の家で行っていたし、お祭りなども青柳《あおやぎ》神社の神主さんが家に来てやってくれていました。

小さい時からの神様に対する思いは、今も同じですね。曾祖母が非常に崇敬の篤《あつ》い人で、家族もみんな崇敬心が篤い、そういう家でした。

大野　そのようなご家族に囲まれて、大自然の中を飛び回っていらした。

小野　そうですね。そして、高等学校の頃から政治家を志すようになりました。感覚的に「このまま行ったら、日本の国が危ない」と感じて、それをなんとかするには、やはり政治の世界に入るしかないと思ったんですね。

大野　実際に国を動かすのは政治ですものね。

小野　そうです。それで、卒業してからある著名な方と親しくなり、秘書兼ボディガードをやっていました。柔道三段、武道はある程度たしなんでいたし、ラグビーもやっていたし、自分が強いと思っていたから「まかしてくれ」と。

でもそれが目的ではなく、その先生が国会議員を目指していたので、「自分も政治家になりたい」という思いがありました。ところが、先生が落選してしまったんです。「どうしよう」と思い、先生も「もう選挙はいやだ」と言うので、党本部に福島の代議士を紹介してもらい、「その代わり、1週間ほど岐阜の代議士の手伝いをしてくれ」と頼まれて、岐阜へ行きました。

昭和42年から国会議員をしていたその先生は、今の私より少し上ぐらいの年齢。当時私は22歳です。でも、お会いしたら不思議と気が合ってしまったんです。なつかしい感じがしました。ご神縁ですね。

それで、その先生の秘書を務めました。24歳で公設秘書になって、26歳で大臣秘書官もさせてもらいました。

これが面白くてしょうがない。その当時の大臣秘書官は権限もあるし、世の中の動きもわかる。それで、「この道に生きよう」と思いました。

ウイークデーは国会、週末は地元の岐阜です。地元でも大きな教育団体の人たちと親しくなり、自ら申し出て、そこの地域のトップの先生を毎日車で迎えに行って、早朝の「朝起き会」に参加していました。

大野　朝起き会は、ある意味、神道の会ですね。

小野　そうです。生活倫理実践会が前身で、ひとのみち教団の「朝詣り」が朝起き会に影響したとも言われています。それも勉強にはなりました。

朝は早く起きて、夜遅くまで毎日仕事をしていて、休んだことはありません。自分も政治の道に進みたいと思っていましたので。

でも、33歳の時に突然倒れてしまい、すべてを失いました。

「大歓喜の世界」を体感し、神道の道に入る

大野　倒れた時はしばらく意識を失われていたのでしょうか。

小野　その日は「朝からおかしい」と感じていました。でも病気をしたことがないから、よくわからない。その日もいつも通りに過ごしていましたが、夕方、自分の頭の上に東

京都くらいの大きさの爆弾が落ちてきたような衝撃を受けました。こっぱみじんです。怖いとかも何もない。一瞬です。

そうしたら、生まれた時からの33年間が脳裏に出てきました。走馬灯《そうまとう》のようですけど、子どもの時からの出来事の一つひとつがわかる。いろいろなことがあったなあと。

そのすべてが、大歓喜の世界なんです。

「あの時泣いたのに、なんでこんなに嬉しいんだろう、不思議だな」と。

そして、時間が今に戻って来て、三途《さんず》の川の向こうから、「早く来い」と誰かに呼ばれたので行こうと思ったら、仕事仲間の女性が、「小野さん、死なないで！」とゆすってくれて、それで目が開きました。

すると彼女は顔面蒼白で、彼女が倒れるんじゃないかと思ったくらい。救急車を呼んでくれと頼んでも、プッシュホンの数字を押せないでいるので、私が「いち、いち、きゅう」と言って押してもらいました。

大野　まあ、完全に臨死体験ですね。でもご自身で緊急電話の番号を指示されたなんて余裕！

小野　とんでもない。もし彼女がプッシュホンを普通に押していたならば、私は今ここにいないと思います。

自分は体が硬直して動けないから、普通の状態ではありません。仲間の彼女がどうかなったら大変だと思ったし、そこへみんな集まってきて、救急車で虎の門病院に運ばれました。

その後はつらかったです。「体が冷たい」と言われて、もうダメだなと思いました。目は開かないけれど、人の会話は聞こえていました。

大野　その時「これをやっておけばよかった」など思うことはありましたか？

小野　何もないです。とにかく、「すごい人生だった、いい人生だった」と思いました。だって歓喜だもの。それは、「気持ちいい」とかそんなレベルじゃないんです。

大野　それはすごいですね。先生がよく「大歓喜の世界」とおっしゃるのは、本当にご自身が体感されたからこそのお言葉なんだ。

小野　そのあと、何度も何度も大歓喜が来ました。

大野　人は亡くなったあと、ある時点では本当の至福を体験すると言われますが、先生の場合はすぐにその状態を体験されたのですね。しかも波のように繰り返し繰り返し！

小野　何度もお話ししていますが、自分が行き詰まるから、それを祓《はら》うと、出てくるのは大歓喜なんです。神道は、22歳の時から神道界の至宝である近藤啓吾《こんどうけいご》先生に教えていただいていましたが、倒れなかったら、私にはその自我の奥に隠れている根源的な「いのち」がわからなかったと思います。

ただ、意識が戻ると自分はこんな病気をしてこれからどうなるんだろうと、取り残されるような気持ちがあって焦《あせ》るわけです。だから、体をリフレッシュするために、大好きな伊豆の下田に行って何とかよみがえりたいと思いました。

大野　徐々に回復されていったのですか？

小野　体は動くけどもフラフラの状態。そこでまた倒れます。世俗の今の自分の立場を考えると、みんなは議員になったりして活躍している。また焦るわけです。それで少しよくなるとまた倒れる、その繰り返しで、救急車で7、8回は運ばれました。

「どうせ死ぬなら福島に帰りたい」と思い、故郷の病院に入って、そこでもどうにも体がうまく動かず、ずっと療養していました。

それからちょうど1年後ぐらい、昭和64年1月7日に昭和天皇陛下が崩御《ほうぎょ》され、間断《かんだん》をおかずに即位の儀式が執り行われました。

そのテレビ中継を見て、根源的な「いのち」として探し求めていたものが具体的なかたちを持って目の前に提示された感動を覚えたのです。

皇太子殿下が、三種《さんしゅ》の神器《じんぎ》を受け取った瞬間に天皇陛下におなりになるでしょう。三種の神器は天照大御神の御霊《みたま》の依《よ》り代《しろ》です。神代と、無限の過去と今が一つになっている。根源的な「いのち」は、遠くでなく、今ここにあったのです。ものすごい感動だったです。

ちょうどその頃、神道の師であった近藤先生が、金沢工業大学から東京の國學院大に戻られて講師をされるようになりました。そこで今後の人生をどうするか考えたのです。

大野　もう一度政治の道に戻るかどうかでしょうか？

小野　政治オファーはありましたが、これからは本格的に神道を勉強したいと思いました。それが35歳の時です。

神道の恩師、近藤啓吾先生

小野　近藤啓吾《こんどうけいご》先生は、神道界では有名な大学者です。ただものすごく怖い。さきほど話したように、私は東京にいる時に国会議員の秘書になり、東京と岐阜を行き来していました。でも、住まいはずっと前から近藤先生の隣に構えていました。近藤先生との出会いは22歳の時。文科省にいた先輩から福井で祭典があると誘われて、そこには東京から学者が6人行っていました。その先生方と新幹線で一緒に帰ってきた時、僕の目の前に座ったのが近藤先生です。そこで先生の話を初めて聞いて、直観的にすごい先生だと思いました。もうレベルが全然違う。

大野　その時も神道のお話だったんですか？

小野　神道もそうだし、あらゆることですね。博学ですから。大天才ですよ。

一言でいうと、自我の奥にある「いのち」を、近藤先生だけが語っていました。

それを聞いて自分の体が全部取られるような感動を覚えました。それで先生に教わりたいと思い、すぐに先生の家の隣に引っ越して、びっくりされました。

それからは、「仕事が終わって夜の9時までに帰ってきたら、必ず来い」と言われて先生の家に通いました。そして夜の11時まで講義を受けるんです。最初は、聞いたことのないことばかりで何もわかりません。

最初に先生のご自宅にお邪魔した時に言われたのが、「いいか。小野善一郎は小野善一郎なんだけど、天之御中主神様なんだぞ。だったら心の中に柱を立てろ。伊勢神宮は今日まで柱を守ってきたんだ」ということです。

柱を守るなんて聞いたことがない。そのぐらいの知識です。先生が本気になって言うから「はい！」と言ったけど。

また、先生が伊勢の託宣《たくせん》をそらんじた時、先生は途中で「ああ」とおっしゃったけど、文献には「ああ」なんて書いていない。だからそれを指摘したら、先生に、「お前は本当にバカなんだな」と言われました。「書いていなくても出るんだ」と。

それで後になって、自分も託宣の言葉を全部覚えて、なるほどなと思いました。

講義が終わって「今日はありがとうございました」と先生の家をおいとまして外に出ると、たまらなく気持ちいいんです。

大野　祓われたんですね。

小野　ものすごく気持ちいい。その時「これは何なんだ？」と思いました。
翌日に国会に行くでしょう、そこは有象無象《うぞうむぞう》。

大野　まさに対極の世界ですね。

小野　そう、まったく違う世界です。だから近藤先生のおかげです。近藤先生がいなかったら何もわかりませんでした。

近藤先生の学問は一言でいうと「心神」です

大野　先生、「小野ラー」ってご存じですか？　小野先生のエネルギーを浴びたいという方を小野ラーというんですよ（笑）。

小野先生に会うと、言葉ではない部分が伝わってきます。おっしゃる言葉の内容というより存在そのものが、周波数として響いてくるのをものすごく感じるんですね。

小野　それは私の力ではなくて、近藤先生の力だと思います。今も、家のいたるところに近藤先生の写真を貼っています。寝床にも。それくらい私にとっても近藤先生はすごい存在です。あらゆる面で、先生ほどの人はいません。

私は師を求めて、高等学校の頃から本を読んで感動したら著者に会いに行っていました。政治の世界に入るきっかけになった著名人とも、そうして知り合いました。

「恥ずかしい」という心も出るけど、それに負けていたら本当の心ではありません。

本当にいろいろな方にお会いしました。だけど近藤先生ほどの先生はいませんでした。

近藤先生の学問は一言でいうと、「心神」だと思います。

先生に、「心神をわかる人がこれからたくさん出てくると思います」と言ったら、先生は、「心神がわかるというのは難しい、本当にわかるか?」とおっしゃるので、「はい」と言ったら、「だったらそれを伝えてくれ」と晩年言われました。

だから僕は、近藤先生がおっしゃったことしかやらないんです。

國學院大の前の学長の安蘇谷《あそや》正彦先生の紹介で、最初の本を出すことになった時は、すごく怖かったです。もし近藤先生に「バカ! 回収!」といわれたら全部回収しなくちゃいけないと思ったから。

発表する前に、添削ということではなく、近藤先生だけに見ていただこうと原稿を送りました。そうしたら、封を切らずに返ってくるんです。

大野　それだけ信頼されていたということでは？

小野　違います。「自分で本気になって論文を書いたなら、自分の力で出せ。なんで人に見てもらうんだ。お前が未熟なのはその一点だ、バカ者！」という意味です。

大野　すごい。

小野　すごいですよ。毎日「バカ」って言われるんだもの。でも、そう言われるのがたまらなく嬉しい。だから先生のためだったら大変ですよ、私。

どんなことを言われようと悲しんだことも、恨《うら》んだこともないし、「嬉しい」の言葉以外出てきません。

自分が倒れた時も、苦しくて苦しくて、近藤先生の声を聞きたかったけど、迷惑をかけるから電話するのは最後にしようと思っていました。それでもこの心の中の叫びを、誰かに聞いてもらいたいと思うじゃないですか。それで先生に電話して、「どうした？」

というから、「もうダメです」、そんなことを話したら、「バカ者！」と一喝されて。「お前は自分のことだけじゃないか、バカ者！」って。私が生きるか死ぬかと言っているのにすごいでしょう。「もうお前の話なんか聞いていられない、電話切るぞ！　バカ！」と。先生の言葉を聞いて、とめどもなく涙が出てきました。でもそれは、嬉し涙です。

大野　近藤先生のとてつもない愛を感じます。

小野　世の中で、私が死ぬか生きるかの時に、「バカ！」なんて言う先生、いないでしょう。ふつうは気づかってくるでしょう。しかし、心配しているんですよ、先生は。それはわかっているの。たまらないですよね。もう、離れようと思っても離れられない。どんなことがあっても先生と一つ。そう思いました。

大野　お二人がいかに深いところでつながっていらっしゃるかがすごく伝わってきます。

よい師匠に仕えなければ、どんなに勉強しても本質にはたどりつきません

小野　ある時、300枚ぐらいの闘病記を書きました。それで東京に戻った時に先生に渡したら、一晩のうちに読んで、翌朝「来い」って呼んでくれました。そうしたら赤鉛筆で、神様との感応等々、ずらっと文章を書いてくれていたのです。

それでとっさに、「先生、先生の書いてくださった感想の言葉、序文にして闘病記を世の中に出してもいいでしょうか」と言ったら、この時ものすごく怒られました。

「まだ人に見せる心があるのか！　バカ者、帰れ！　お前の顔なんか見たくない」と。

「はい」と言って帰りました。帰らないと怒られちゃうから。

『古事記の「こころ」』を最初に書いた時にも、原稿の段階で見せたらもっと怒られると思ったから、単行本になってから送りました。

そうしたら1日たっても連絡が来ない。

おかしいなと思って電話をかけたら、「ああ、あれか。わしが言ったことを書いてあ

るだけじゃないか」と。それで、「ああ、これは回収しなくていい」とほっとしました。
次に『あなたを幸せにする大祓詞』を出しました。同じように単行本になってから送ると先生が「すぐ来い」と。怖くて、「どこが悪いんだろう」と思いながら先生のお宅へ行くと、「いい本を書いた」と言われたんです。「これを伝えろ」と。
そして、『日本を元気にする古事記の「こころ」』を書いた時には、「早く来い」と言われました。先生に「このことなんだ」と言われて、自分の中に動かないものが出てきたんです。

大野　近藤先生は、ご自身が本当に伝えたいことを伝えていってくれる後継者を育てていらしたんですね。そしてGoサインが出た！　近藤先生も嬉しいと同時にホッとされたのではないでしょうか。

小野　今の私があるのはすべて先生のおかげです。**正師《しょうし》を得ざれば学ばざるに如《し》かず。よい師匠に仕えなければ、どんなに勉強しても本質にはたどりつきません。**

大野　伺っていると、お二人は出会うべくして出会ったという感じがします。アカシックレコードでは、避けられる出来事と必ず起きる出来事をあらかじめ私たちは決めて生まれてくるとされています。

小野先生と近藤先生は、この人生で必ず会うことになっていたのでしょう。

小野　近藤先生は、マスコミに出る学者のように有名ではありません。そういう先生ではないんです。だけど、神道界の先生方はみんな先生のすごさをわかっています。山崎闇斎《やまざきあんさい》先生、浅見絅斎《あさみけいさい》先生、若林強斎《わかばやしきょうさい》先生の学統を継いでいる正統の学者です。何があっても先生といるのがものすごく楽しい。だから今でも亡くなった気がしないし、講演をしていると、たまに先生が話しているような時があります。先生が言われたことが自分の中に入ってきているから。心神とか異心、祓えなども、全部先生から教えてもらったことです。

ただし書いていることは、先生は一つひとつ教えないですからね。

大野　自分で考えないと。

小野　私が最初に論文を書いた時も、政治活動ばっかりやっていたから、書き方なんてわからない。引用文献を載せることすらわからない。それで一部の人からものすごく怒られたんです。

そうしたら先生が、「いいんだ、そんなことは。初めてで知らないから。これからは気をつければいい」とおっしゃった。

ただ、私が書いたり言っていることは先生から教わったことであり、先ほどお話しした通り、病気をしたことによって体得、感得したことから出ています。

だから大祓詞以外にないと、心の底から思っています。

大野　心《しん》からそういう思いがおありになるから、やっぱり響くんですよね。頭でおっしゃっているわけじゃないから。

小野　はい。近藤先生の学問がそうだったからです。

先生に自分の研究テーマを相談した時には、ラフカディオ・ハーンでも山崎闇斎先生でもなく、「もっと奥を勉強しろ」と言われました。

もっと奥とは伊勢のことです。だから伊勢を勉強したんです。これがよかった。

「心神《しんしん》」がわからなかったら、祓えはわからないから。

元々、先生と一緒にいること自体が祓えだったので、「不思議だな」というのは感じていました。本当に気持ちよくなるんです。

大野　ご一緒にいるだけで近藤先生ご自身が、清明の波動を放っていらしたんだ。
そういう方こそ究極のヒーラーだと思います。

小野　國學院大に入っても、先生の授業が楽しい。私は学部にいて先生は大学院の先生でしたけど、あらゆるものを犠牲にして先生の授業を聴講しました。

一番前の席で録音して、先生の言葉を絶対に漏らすまいと聴いていました。

学生は先生の話がわからないから、寝ている者もいます。そうすると先生は私を怒るんです。「お前が目障りだ、後ろに行け！」って。

テープレコーダーを見て「なんだそりゃ」と言うから「テープです。先生の言葉を漏らさないように」と言ったら、「それがよくない、本気じゃない。テープに録《と》って後で勉強なんてやるはずがない。即刻止めろ！」と言われたんです。

しかし「はい！」と言って、こっそり録音していました。「後ろに行け」と言われても、「はい！」と言って、行かない。

大野　光景が目に見えるようです（笑）。

小野　だけど、亡くなる直前でした。「そういえばなあ、わしが講義しているテープがなかなか見つからなくてな」とおっしゃるので、「先生、私が持っていますよ」と。そうしたらものすごく喜んでいました。「ああ、そうか」って。

先生と出会ったら別れることができないです。

だから、私は先生から怒られて、二度と先生の門を叩かない人はとても残念に思っています。

一度決めたら、どんなことがあっても離れないことだと思います。

大野　決断。決めるということですね。

小野　はい。どんなことがあってもです。それが先生の学問だと思いますね。

ラフカディオ・ハーンが100年前にわかっていたこと

小野　神道も、『古事記』も、幼稚園から大学まで培った力だけで論ずることは難しいです。論理の世界ではなく、初めからある世界だからです。

大野　「論理の世界ではない」ということを、体感するということですよね。

小野　そうです。

大野　「論理の世界」とはいわゆる左脳ですが、現代では右脳的な部分がどんどん失われています。

小野　そうですね。要は、近代個人主義は自我の確立が根幹にあります。

明治の頃からたくさんの方が日本に来られて、「日本人ほど素晴らしい民族はいない」と異口同音におっしゃいました。

日本人は礼儀正しく、しかも心温かい国民性、文字も読める。文化レベルも高いし、あらゆる面においてすばらしい。ただし、自分の主張がまったくない民族だとも。

近代個人主義の立場から見るなら、「没個人、自我が確立されていない」ということは、残念ながら「日本人は未熟で遅れている」という見方になってしまいます。

だから自分の主張がないと言われると、日本人は欧米に比べて遅れていると思ってしまうのです。

大野　海外から来た催眠療法のセラピストの先生が、日本のさまざまな患者さんを診て、「日本人のテーマは一つだね。それは自信がないことだ」と一刀両断におっしゃいました。私はその時先生の通訳として現場にずっといましたが、本当にその通りでした。「自我が確立していないから未熟だぞ」と言われることで、結局、日本人は自信をなくして生きているのかなと思いますね。

日本人の集合意識が「和」、つまりハーモニーを体現しているとアカシックレコードにも書かれています。ですから表面的な調和を求め、自己を主張しない。

小野　私たちが「日本人の本当の姿」に気づいていないんです。それを気づかせないといけません。

欧米の多くの外国人は「日本人は遅れている」と見たけれど、その中でラフカディオ・ハーン、小泉八雲は、日本人以上に日本人の心の中に入った人です。

大野　確かにそうですね。

近代文明は、いずれ行き詰まります

小野　近代文明とは論理、合理の世界ですから、いずれ行き詰まります。なぜなら全部「対象」として物を見るからです。ここに欠落しているのは天地に初めからある「温かい心」です。温かさがなくて冷たいんです。すべてを一刀両断のもとに切ってしまう。

しかしラフカディオ・ハーンは、「日本人は先祖とともに生きている。おじいさんおばあさん、曾祖父母、高祖父母、いや、神々と一緒に生きている。これを人類はいずれ求めざるをえなくなるだろう」と、100年以上前におっしゃった。

大野　ハーンは人間存在とは何かを理解していたのですね。魂だけではなく、先祖につながり、氏神さまにつながる私たちのスピリットの部分のことをおっしゃっている。魂も肉体も大本は一つ、すべてが神聖だということを。

小野　ハーンは先の一点において大恩人です。そして、残念ながら日本人がこれに気づいていない。日本人がもう一回ここに立ち返ることが必要だと思います。

ただこれは言葉化できるものではありません。

だから神社は祭祀、祭りによってこのことを伝えてきました。

神社があって祭りがあるということは、実はとんでもないことなんですよ。

このことに気がついたのは、神職になって3年目ぐらいでしょうか。

私も初めはわかりませんでした。どうしても若い時は文献に偏《かたよ》りますし、私自身が中世の神道思想を学んできましたので、やはり言葉化することを追いかけます。

でも、一番大切なのは「いのち」のことです。

絶対滅びない、初めからある「いのち」です。

これは、神社の中で奉仕することによって感得、体認するようになりました。祭りというのはすごいなと思います。神代からまったく同じ祭りをやっているんですよ。

天《あめ》の石屋戸《いわやと》祭祀ですよ。

大野　先生はまずはご病気を通して、そして次に神社におけるご奉仕を通して、私たちのすべての内に存在する永遠不滅のエネルギー「いのち」をご自身の体で体験された。体感されたのだから存在の100パーセントで信じ切れる。だから伝わるんです！

小野　祝詞《のりと》も同じですよ。だからまったく同じ「いのち」に生きているんです。今はほとんどの人が「自我を自分」だと思っている。まったくの誤り。

大野　私は『日本の神様カード』の制作を通して神道と関わるようになりました。先生がおっしゃる「いのち」にまったく共感しますが、私が一番お伝えしたいことは、私の言葉で言うと「分御霊《わけみたま》」という言葉になります。

先生の御著書を拝見すると、「あ、同じことをおっしゃっているんだな」と痛感します。

確かに日本人は明治からだんだん自信を失ってきたけれど、3・11の時の日本人の在り方、人から奪わず静かに列に並んで、自分が持てるものを分け合う態度が、世界に日本人の意識の本質みたいなものをアピールしたのだと思います。

小野　まったくその通りですね。これは無意識の中から出てくるものです。たとえば、井戸に子どもが落ちそうになっていたら、何も考えずに助けるでしょう。これは人間が本来持っているものです。他者だったら「関係ない」となるけど、他者ではなく、全部自分なんです。

大野　先生がおっしゃるのは、日本人だけではない、全人類のことですね。

小野　はい。とくに東北にはそういう温かさが残っていると思います。私は、福島県福島市で生まれたのですが、東日本大震災は悲惨でした。実家は相馬市のそばですから、3・11の時はすぐに相馬に行ったら、もう焼け野原どころではない、異臭がして……言葉では表せません。警察官、自衛官、消防の方だけしか入ることができませんでした。

東日本大震災で世界に示された「日本人の価値」

大野　その体験が今の小野先生の大祓に対する言葉や、「いのち」に対する感覚に変化を与えたでしょうか？

小野　そうですね、私が『あなたを幸せにする大祓詞』という本を書き終えて、あとがきを書いたのがちょうどその時だったと思います。

だから3・11は、私にとっても分岐点のような感じがしました。

もちろん、元々、ずっと祓《はら》えの視座から伊勢を研究してきて、祓えの重要性を感じてきました。そこへ大震災が起こり、現地へ行くと、非常時なのに略奪や暴動が起こらない。日本人の礼節と秩序が失われていない。世界ではこんなことはあり得ないです。

通常、法律が機能していないところでは、略奪や暴動が必ず起こります。

だけど、日本人は初めからある「いのち」を守っています。これが目の前で起きたのです。日常のルールや秩序が崩壊している状態で社会秩序を維持できるなんて、ありえないですよ。

だからその本に、「秩序を超えたところにある人智を超えた存在、神々、先祖への感謝の心、その大いなる『いのち』に生かされているという意識、日本人の価値だ」と書いたのです。

普段は感じていなくても、そういった非常時に、その意識が突然出てくるのです。

これにものすごく感動して、日本を復興させるのも人類を救うのも、この一点に心を寄せることだと思いました。そういうわけで、3・11でより思いが強くなり、確信に変わりました。

大野　海外メディアに取り上げられたことで、日本人自身も新たに日本人が持つ本質のすばらしさに気づき始める、大きなきっかけになったなと思います。

小野　おっしゃる通りですね。

大野　私のアメリカ人の友人も驚いていました。その少し後で、カトリーナ（ハリケーン）でニューオリンズが壊滅的な被害を受けた時、すぐに起きたのは暴動と略奪でした。友人は「日本人の在り方は、本当に信じられなかった」と話してくれました。

小野　それはまさに『古事記』の命題だと思います。

「近代個人主義」「自我の確立」などと言った途端に、山も川も大地も木も風も他者も、私たちの「いのち」と切り離されてしまいます。

だけど本来、実はすべてが同じ「いのち」に生かされています。

だから日本人の根幹にあるのは、いわゆる「他者じゃなくて自分」なのです。

同じ「いのち」だから、人の痛み苦しみや悲しみを自分の体の痛みのごとく感じる。

これがいまだ日本人の根幹にあるから、いざとなるとその心に立ち返るのでしょう。

自我ではなく、自我の奥に厳然と存在している、天地一貫の「いのち」を「神様」と申し上げました。初めからあるそれが自分の中を流れていて、山も川も大地も木も風もまったく同じなんです。

自分の「いのち」がわからないと、神道の本質はわからないし、知識で読み解くもの

ではありません。

大野　体感することですね。日本人のＤＮＡの中にその「天地一貫のいのち」感覚が確実に流れている。

小野　そうです。祓えなんです。だから大祓詞が祝詞として極めて重要なのです。天の石屋戸祭祀が今もって行われている国ですから。神職の皆さん全員がそれを意識しているわけではないけど、行われているというのがすごい。だから見る人が見たら、とんでもないことが日本に残っているのです。無限の過去と今が一つなんです。

大野　中今《なかいま》。

小野　はい。常に今なんです。

祓えとは「いのちに回帰する儀式」です

大野　私は海外の方々と関わることも多くて、同じように古代の叡智を伝えている方がおっしゃるのは“here and now.”。神道とまったく同じなんですね。

世界でも「日本がこれからの救い、中心になるだろう」といった数々の予言が伝えられています。ゲリー・ボーネル氏も、30年前から毎年来日して古代の叡智を教え続けてきたのは、アカシックレコードに**「意識の大きな変換が起きた後、日本人の意識が果たす役割が大変大きい」**と記されているからだと言っています。

日本人の集合無意識の中に、すでにこれからの時代の統合された在り方がインストールされていると。

西洋の言い伝えで、「日本がこれからの救い、中心になるだろう」といった予言もたくさん残っていて。あのアインシュタインも、仙台によく来られていたのをご存じですか？　彼も来日した時に**「真の平和に導く盟主は日本だ」**という言葉を残したと伝えられています。

小野　それは存じ上げませんでした。

大野　彼は「時間と空間は存在せず幻想であって、結局は自分たち人間がどう考え、どうとらえるかだけだ」と。

サイエンスの巨頭であるはずのアインシュタインが、それこそ「過去も未来もない」とおっしゃった。中今《なかいま》なんだと。彼は科学者というよりは、神秘家だったのじゃないかしら。

小野　それはすごい。だから今なんです。記憶じゃない、知識じゃない。

記憶に対して祭りを行っているのではありません。

大野　今、そのエネルギーが……。

小野　そう。**「天地初発《あめつちはじめ》の時」は今なんです。**ラフカディオ・ハーンは日本に来た時、このことがわかりませんでした。だから教え子の文章が、亡くなられた方にあたかも生きているような言葉で敬意を払っているのを読んで、「これは間違っている。いわゆる先祖の記憶に敬意を払うのだ」と添削したそうです。

先祖は今は生きていないから、過去の無限の記憶に対してお祭りを行っているとハーンは思ったけれど、日本人はそうではないということが、あとでわかってきた。

先祖もみんな、今生きているんです。

大野　異心《ことごころ》を祓うことは、無限の過去に続くご先祖様すべての祓いでもあるということですね。

小野　はい、まったく同じ「いのち」です。私が神道を勉強して本当に感動したのがここです。古事記の冒頭に、「天地初発《あめつちはじめ》の時《とき》、高天原《たかまがはら》に成れる神の名は、天之御中主神《あめのみなかぬしのかみ》」とありますが、これは自分のことなんです。そして私たち全員です。

あらゆるものがここに集約されています。

だから、古事記は冒頭がわかると読めるはずです。しかし、記憶・知識で読むのではなく、「いのち」から読んでいくんです。大祓詞もそう。つねに今なんです。

大野 感覚的には、一つひとつの8万社以上あるお社がエネルギーネットワーク上につながって、祓えのエネルギーを全世界に発信しているというイメージがあります。

小野 そう思いますね。

大野 特に6月30日と12月31日は、全国8万社で夏越《なごし》の大祓、年越しの大祓をなさっていますよね。

小野 そうです。ただし、長い歴史がありますので、神社によって多少は日が違うことがあります。たとえばこの渋川八幡宮は、年末の大祓は12月29日と決められています。いずれにしても、この大祓式を連綿と行ってきたのはすごいことです。

大野　神代の昔から。

小野　天の石屋戸祭祀とまったく同じなんですから。お供え物を担当したのが忌部《いんべ》氏、布刀玉命《ふとだまのみこと》。そして祝詞を担当したのが中臣《なかとみ》（藤原）氏、いわゆる天児屋命《あめのこやねのみこと》。

その祝詞が大祓詞だといわれています。

合格祈願、厄除けなどの個人祈願も大祓式も、祭式としては同じ。ただ祝詞が違うだけです。だから神社の祭りは、一言でいうと全部祓えです。

祓えとは、いわゆる「俺が、私が」という自我を祓って、**天地一貫の初めからある「いのちに回帰する儀式」**です。**これが日本に残っている。**

これを知識で振り回すことなく、その奥の生きている「いのち」を感得する。

神道の神様は god ではなく kamisama

小野　天の石屋戸は、自分の中の異心です。天の石屋戸は私たちがつくっているものだから、それを放念する。これを仏教では正法《しょうぼう》といいます。違うところもありますが、仏教、神道、キリスト教も、感得している境地は同じだと思います。

大野　大本は本当に同じだと私も思います。それが分かれて、キリスト教なり仏教なり禅なり神道なりになっていったのかなと思います。

でも、私はイエス・キリストは、キリスト教徒ではないのでは？　と思うんです。

小野　私は、キリスト教を秋吉先生という聖公会（イングランド国教会の一派）の先生に習いました。とても良い先生でした。

キリストは「十字架を背負え」と言う。それは「死ね」ということ、異心《ことごころ》を切って全部を放念しろということです。「武士道は死ぬことと見つけたり」と同じです。

そうすると、「あるいのち」が出てくる。

大野　「十字架を背負え」を、そういうふうに解釈をすればわかります。

エッセネ派など原始キリスト教の教えはまさに神道や原始仏教と同じですね。

これまでの異心を持った古い自分が死ぬ。

小野　神道は、霊魂不滅の信仰のもとに祭りが行われています。「御魂は絶対滅びない」という100パーセントの確信のもとに神祭りが行われているんです。

秋吉先生に、「日本人は死なないから神祭りが行われている、先生はこの一点についてどう思われますか？」と聞いたら、こうおっしゃいました。

「私はキリスト教徒です。だからあえて日本文化には言及してこなかったけれど、心の中では不思議な国だと思っている。実は、欧米で、自我の奥にある滅びない『いのち』がわかったのはイエス・キリスト一人。

だけど日本人はほとんどがイエス・キリスト」。

大野　秋吉先生もすばらしい方ですね。先生もおっしゃっていましたけど、『日本の神様カード』のタイトルに“Gods and Goddesses of Japan”と書いた時に、ずいぶん誤解があって、これからはgodと訳さずに、kamiと訳せといわれました。

伊勢の神職さんなどもそれをおっしゃっていて、今は外国の方が来た時にgodという言葉を使わないのだそうですね。

小野　そうです。平成25年の式年遷宮の後、平成28年からだと思います。伊勢神宮では英文ホームページをゴッド（god）からカミ（kami）へと表記を変えました。

大野　唯一絶対の、自分と違う神様がgodですよね。

小野　そう。だから間違いだと気づいて、今の伊勢では、神様はkamisama。神社もjinjaです。

津波がtsunamiなのと同じ。でもまだ全国の神社に浸透していません。

大野　それは徹底しないといけませんね。本質的なエネルギーがまったく違いますから。

小野　違います。だから神道はどんな宗教とも対立しません。だって「教え」ではなくて、「祓え」なんですから。

大野　在りよう。

小野　神ながらの世界、目の前の、ある世界だから。私たちが真っ直ぐな素直な心だったら、それをそのまま映せるでしょう。

でも、我々の中に波が出てくると、波しか出てきません。これが異心《ことごころ》です。**これを放念して、最初の「いのち」へ回帰する、これが神道です。**

ここには教えは入らない。本当はね。

大野　ただ「わかる、感じる」という世界だと思います。

異心を祓うと、神ながらの世界が現れます

小野　京都へ講演に行った時の出来事です。電車に乗ったら、目の前に若いお母さんと

1歳半ぐらいのやんちゃな男の子と、6歳ぐらい女の子がいて、お母さんが「静かにしなさい」と言っても騒ぎっぱなし。そのうちに男の子が電車の中の鉄柱にバーンとぶつかって、車両中に泣き声が響き渡ってとんでもない状況になりました。お母さんが「大丈夫、大丈夫」と言っても泣きわめく。

そうしたらそのお母さん、「痛いの痛いの、お姉ちゃんのとこに行け!」と言ったのです。そしたらお姉ちゃんが「痛ーい!」。男の子は「治った」と言いました。

大野　すごい!(笑)

小野　これが祓えです。

大野　すごくわかります。

小野　お母さんに対する絶対の信頼があって、一つも理屈が入っていないでしょう。だからお母さんに祓われた。痛みはお姉ちゃんのところへ行ったから、男の子は痛いけれども「治った」んです。この力が、自分の中にあるかどうか。

大野　全員持っている力ですね。

小野　そうなんです。だけど、ともすれば否定的な言葉を発したり、痛いのに痛くないなんてウソだと思ったりする、それがダメなんですね。

大野　異心についてもう少し伺いたいです。小野先生がよくおっしゃる「妬む心」以外にも具体的な例がありますか？　たとえば痛いとか、恐怖、恐れとか。
　それらも異心ですか？

小野　それらのすべてが異心です。そもそも日本人は言葉化していません。だけど、仏典と福音書は非常に参考になります。言葉化されているから。
　イエス・キリストがガリラヤ湖の対岸まで船で行こうとする時、湖の真ん中ですごい嵐に遭います。船が転覆しそうになると、弟子が船底で寝ているイエスに「主よ、主よ、起きてくださいい、転覆しそうです」と言う。すると、イエスは弟子に「信仰はどうした」と言うんです。

これはすべての福音書に書いてあります。

映画では、イエスが船の帆先に行って「静まれ！」と海を叱りつけると、海が静まりますが、本当はそんなことがあるわけがありません。

静まったのは、弟子の心の波（異心）なんです。

映していたものがなくなる。異心がなくなる。

だから大歓喜の世界がそこに出てくるんです。

鎮魂祭も全部そう。**御魂鎮《みたましず》めとは、こちら（自分）を鎮めることです。**

大野　自分の内側を鎮める。

小野　この世はすべて神《かん》ながらの世界。全部自分の中のことなんです。

日本人が素粒子や物理学に強いのは、神様の「いのち」と一つだと無意識のうちに感じているから、発見できる。

福音書の「貧しき者は幸いなり」もそう。これは物質的な貧富のことでなく、いっさい異心を持っていない人です。だから幸いなんです。

初めから神与の心が与えられている。

これは、ものすごい「宝物」ですよ。

それを今は3歳ぐらいから閉じてしまっているから、見えなくなっています。

だからそこにもう一回戻ることです。

ただし論理合理も否定してはダメなんです。

大野　育てるお父さんお母さんたちも、またその親から、目に見えない世界や「いのち」というものと離れて育てられていますね。

小野　そうなんです。だから人間が大自然をコントロールしているとか、そんな考えになってくる。

そんなことがあるわけがない。初めから生かされている「いのち」だもの。

自分の中の神様を明らかにする

小野　最初に神道の信仰を言葉化したのが伊勢です。

もちろん外来思想の仏教、道教、儒教等から言葉は借りてきていますが、**伊勢の根幹にあるものは、祓えの信仰です。**

それは宮中の信仰でもありますが、それがそのまま伊勢に伝わっています。

平安時代から鎌倉時代にかけて末法《まっぽう》思想が広まり、世の中に「もうだめだ」という空気が満ちている、そういう時代を乗り越えるために、伊勢の神職が神々信仰を言葉化しました。これが最初の神道思想です。

伊勢の信仰を一言でいうと、「心神《しんしん》」。

天之御中主神様、天照大御神様は、自分の中に宿っているということです。

その言葉化を行った時に、伊勢は大祓詞を「給」から「申」に字句を転換させるのです。

大祓詞に「遺《のこ》る罪は在《あ》らじと祓《はら》へ給《たま》ひ清《きよ》め給《たま》ふ事を」「罪と云ふ罪は在らじと祓へ給ひ清め給ふ事を」と、2か所ありますね。

「祓へ給へ清め給へ」というのは、神様に祓っていただく、祓えをお願いするということでしょう。

大祓詞が伊勢に入ってくるのは文献では平安時代とされています。当初は「祓へ給へ清め給へ」で入ってきていました。

でも、伊勢の神職が「心神」を言葉化した時に、実は「祓へ給へ清め給へ」では違うのだと、「祓へ申す、清め申す」へと字句を転換します。それが鎌倉時代です。

大野　自分以外のパワーに祓ってもらうのではなく、自分で祓うということですね。

小野　自分の責任において清めるという強い自覚です。

神様にお願いするというのは、神様を対象として見ていることです。

そうではなく、**自分の中の神様を明らかにするのが自分の責務でしょう。**

だから、「祓へ申す清め申す」だと伊勢は言うのです。

大野　とてもよくわかります！　一つお聞きしたいのですが「神祓《かむ》ひ」とかの「祓ひ」と言うことによって、自分を自分で祓うというニュアンスになると学んだのですが。

小野　それは言葉の解釈でしょうね。「祓へ給へ清め給へ」は、基本的には神様に祓っていただく。学者によっては、そちらの方が尊いという解釈も出てきます。だけど当時は末法でしょう。悲惨な時代です。自殺往生思想も広まるし、百王思想も広まるし、救いがない時代。

そこにおいて、自分の中に神様がいる、それが本来の日本人であり、神道である、と伊勢では、本来のあるべき姿への回帰を叫んだのです。

それで「心神」と言葉化した時に、大祓詞を「祓へ申す清め申す」とした。これは幕末まで、正統な祝詞として奏上されてきました。

初めから私たちの中に天つ神の「いのち」が与えられている、だから、神様にご照覧いただきながら、自分の努力と責任において異心を祓っていくのだという自覚。

これが伊勢流中臣祓（大祓詞）の根幹にあるものです。

大野　今の神拝詞《しんぱいし》は「祓へ給へ」になっていますね。

小野　近代主義が入ってきた明治維新以後、また「心神」が見えなくなってくるんです。言葉化できない世界の難しさですね。

そして今、伊勢も「祓へ給へ清め給へ」です。

祓われるならそれでいいと思いますが、ただ、伊勢の長い歴史の中には「祓へ申す清め申す」があって、これが伊勢の本源にあるもの。

「祓へ給へ清め給へ」であったとしても、心の中では「祓え申す清め申す」。

大野　このところをよく理解しておく必要がありますね。

小野　何よりもその根幹にあるのは、**「私たちは天照大御神様、天之御中主神様につながっている」という信仰ですね。**

大野　本当に私がずっと伝えていきたいことも、それに尽きます。

小野　伊勢神宮のご祭神は天照大御神様。ご神体は御鏡です。天之御中主神様は正殿の床下に立つ「心の御柱」と推測されています。
これはご神体が二神あるように見えますが、実は一つなのです。二神であり一神なのです。ですから、今もって伊勢は庭上《ていじょう》祭祀です。御殿に上がらず、お庭で、御柱に向かって祭祀を執り行っているのです。
冒頭に申し上げたように、自分の中に御柱を建てないと本当のことはわからない。だからまず御柱を、動かないものを建てること。この視座を先にとるわけです。

大野　天と地をつなぐ柱ですね。

小野　「いのち」は同じです。初めからある「いのち」。まったく同じものが自分の中を流れている。大宇宙は無限だけど、それを集約すると自分なんです。
私は、『古事記』もこの視座から読み解いています。

大野　その明確な視座を持つなら、『古事記』もとてもスッキリとはいってきます！

日本の国がどうやって生まれたのか？

小野　伊邪那岐《いざなぎ》、伊邪那美《いざなみ》の神様の国生み神生みというのは、祓えです。

伊邪那岐命、伊邪那美命の二柱の神は、天つ神の御心と一つになって、国土、神々と天地間に存在するすべての物の守り神をお生みになったのです。

前の章でも説明しましたが、**わが国の神々は何もない所に生まれるのではなく、物実《ものざね》（神々が生まれてくる物種《ものだね》）から生まれます。**

物（存在）には物を生み給うた神様が宿っているという信仰です。

『古事記』によれば、伊邪那岐命、伊邪那美命二柱の神は、究極の神様である天《あま》つ神《かみ》から「ここに天つ神諸々《もろもろ》の命もちて、伊邪那岐命、伊邪那美命、二柱の神に、『この漂《ただよ》へる国を修《おさ》め理《つく》り固め成せ』との「修理《しゅり》個成《こせい》」の詔《みことのり》を賜り、国生み、神生み、国造り、国固めの大事業を執り行ったのです。

国生み、神生み等の大本には「天つ神諸々の命もちて」があり、天つ神より賜った「いのち」を私心によって汚すことなく、神与《しんよ》のままに守るという鉄則が存在しているのです。

しかし、伊邪那岐命、伊邪那美命の二柱の神は、高天の原から「おのごろ島」に天降られ、自ら神聖な高い御柱《みはしら》を立てて、その御柱を中心として国生み、神生みをされたのですが、先祖の天つ神の御心から離れて異心となり、最初に失敗してしまいます。

そこで反省回心し、その異心を祓って流し去り、ご一緒に高天原に上がって天つ神の御教えをお受けになります。

そうして伊邪那岐命、伊邪那美命の二柱の神は、天つ神の御心と一つになって、国土、神々と天地間に存在するすべての物の守り神をお生みになったのです。

神々であっても、本来の心から離れた異心の状態では、「いのち」が見えません。

ですから、その異心を祓い、初めからある天つ神の御心と一つになると、大自然、大宇宙は自分自身であることがわかります。

これが国生み、神生みの根幹にあるものです。

大野　伊邪那岐命や伊邪那美命といった神々さえ、異心に悩まれて失敗されるんですね。全知全能の西洋の神と違い、とても近しい存在に感じます。
須佐之男命さまもお母さんが恋しくて髭ボウボウになってしまう。だからこそ、いろいろ悩んでいる今の自分の中にも神そのものが宿っているということが感じられますよね。自分自身が宇宙だっていう感じも！

小野　この初めからある「いのち」を、神代から今日まで守ってきているのですよ。天皇陛下も私たちもずっと一緒になって、祓って祓ってこの天地一貫の「いのち」を守ってきました。世界にこのようなすばらしい国は探したってありません。

祓えの視座から『古事記』を読むと、**「異心では国も神々も生まれない」ということ。**

この異心が祓われて初めからある「いのち」と一つになった時に、山、川、大地、木、風が自分自身であることがわかります。神々を生むのは私たち自身です。

ですから、天つ神の御心と一つになるという一点を明らかにすることが極めて重要です。これは知識でなく感得・体認の世界なのです。

大野　はい、頭だけではなく、身体で感じることができるかどうかですね。

小野　そう。研究者は体感のことは論文には書きません。論証できることしか書かないですからね。けれども、論理を大事にしながら、同時に背後にある「いのち」も説いていくことが大切だと思います。

私の解釈というのは、紙背《しはい》にある「いのち」から物語を読み解いています。天つ神から離さないという一点から読み解けば、物語はこのように解釈できるということです。

大野　そうですね。自分の子どもを殺す神々が出てきたり、刀から神が生まれたり、そこらへんが、なかなか『古事記』が理解されない部分なのかなと思います。

小野　伊邪那岐、伊邪那美神様は天つ神の御心と一つになって次々に神様を生んできました。ここは非常に大切な所です。

生きている＝天つ神の「いのち」と一つであること

大野　令和4年6月末の夏越の大祓式に参加させていただいて、小野宮司が「ここは大祓詞の聖地」とおっしゃったのを実感しました。

小野　神社の境内は、歓喜の世界です。草木は言葉を発しなくても同じ「いのち」。

だから、木は久久能智神《くくのちのかみ》様、風は志那都比古神《しなつひこのかみ》様、山は大山津見神《おおやまつみのかみ》様です。

それを神道というのです。

自分の「いのち」が天つ神の「いのち」と一つになるからわかるのです。

大野　ご病気されて、先生は、天つ神と一つになってしまったんですね。そしてそれぞのものを生きていらっしゃる。

小野　本来はみんなそうです。生きているということは、天つ神と一つになっているということで、特殊なことではありません。

だってここは大歓喜の世界。ただ、余分な異心が私たちを覆っているということです。

伊邪那岐神様は、我が子の火之迦具土神《ひのかぐつちのかみ》様に向かって剣を抜きました。

文献では、「一刀両断の元にわが子の首を斬った」とあります。すると剣から建御雷《たけみかづち》之男神《のをのかみ》様が生まれてくる。

多くの研究者は文献を論拠に火之迦具土神様を斬ったと解釈しています。

しかし、わが子を斬って建御雷之男神様は生まれないのです。

神道は客観的に知識や理論で考えることでなく、自らの心を天つ神の御心から離さないようにすることが大事です。

その天つ神の「いのち」の視点から考えると、伊邪那岐神様は妻に先立たれて「この子が生まれなければ」と憎み、恨んだ。わが子を斬ってしまいたいほど憎んだのだと思います。妻に先だたれた夫の悲しみですね。

火の神様は目の前にいる。だけど、それを映しているものが自分の中にある。

だから伊邪那岐神様は、自分の異心を斬っている。そして天つ神の御心と一つになったことで、剣を物実として建御雷之男神様が生まれる。

このように二神の国生み、神生みのご神業は簡単なことでなく、極めて苦悩・苦難の道であったことが想像できるのです。


大野　はじめからある「いのち」と一つになっている自分。先生がおっしゃるように「すべてこの世界は、自分という宇宙を映し出している」、そしてそれが象徴的に『古事記』の中に描かれているというふうにとらえると、あらゆることの辻褄がスッとあってきますね。

たとえば自分の内なる須佐之男命と出会い、さまざまなチャレンジの中で、異心の象徴である蛇を退治して本来の自分自身に目覚めていくといったように。

古今東西の伝統的な叡智では、剣が象徴するものは「真理・真実」です。

タロットカードでも同じです。伊邪那岐神様は、「真理」で異心を断ち切ったのですね。実にスッキリしました。

小野　こういうことは、管見の範囲ですが、誰も発表していないと思います。先行学説もだいぶ見ましたが。

大野　日本の神々も失敗したり悩んだり。そこが『古事記』を読む私たちも、神々に親しみを感じたり、自分も大丈夫だと思えるところだと思っていました。

でも自分の子供を切り殺したりという「これってちょっと」と感じる部分を「内なる異心を切る」という視点から観るなら、ますます『古事記』の世界の奥深さが理解できます。

すべては世界が「鏡」となって、内なる自分自身を映し出してくれているから。

小野　あらゆる行き詰まりを打開するのは、その一点だと思います。

人類がその一点に気づいて、異心を放念することだと思います。

大野　その異心を放念する最高の方法が大祓詞。

小野　ええ。人類は知的生命体でしょう？　ということは、異心（自我）があるということ。

だけど異心で見たら「いのち」は見えない。異心を祓うと、動かないものがここにあるとわかる。これが天地初めからある「いのち」。

それは、私たちに異心があるからわかるのです。

もし天理のままに生きていたら、わかるはずがない。

だから私自身も、若い時は順調に行ったけれども、病気で倒れてしまったのは、自分が傲慢《ごうまん》だったからだとわかります。そして全部なくなりました。

大野　神秘学といわれるものには、自分の本質、いわゆる「心神に目覚めるには、一度死ななければならない」という言葉があって、新たに自分の本質、「いのち」とつながった人のことを、**「二度生まれし者」**という言い方をします。

まさにその「死ぬ」という部分で、先生は実際に命が危うくなった。でもそれをしないでも、祓えをすることによって生まれ変われるのですよね。

小野　はい、毎日生まれ変わっています。『古事記』はそれを書いています。神々が生まれているでしょう。それこそ1時間に1回、10分に1回、祓うのです。ここは初めからそういう世界なんです。

大野　いいなぁ。毎日生まれ変わる！

小野　だけど異心だったら、それは天地にない心、天地にないものは必ず滅ぶ。だからその異心を祓ってきた。大祓詞は「罪と云う罪はない」と言っているではないですか。だから大祓詞が極めて重大なのです。

大野　夏越の大祓式で、先生が、手を大きく動かされながら「すべての世界の穢れ（異心）がサーッと祓われるんです」とおっしゃった時に、「うん！」って。本当に心から思いました。

小野　もし人類がそこへ立ち返らなかったら、滅びます。

ホーキング博士が「近代文明は現在私たちが享受しているくらいまでは発展するけれど、自我の制御ができずに、過剰な発展によって、遠からず滅んでしまうだろう」と予言されたのは、そのことです。

ローマクラブが『成長の限界』という本を出したのが昭和47年（1972年）。昭和47年の段階で、人類の限界が来ているという警告の書が出ていました。

でも、人類はそれを無視してどんどんあくなき経済活動をしてきました。

今、地球が悲鳴を上げています。昨日は群馬県の藤岡市で、ゴルフボールの大きさのヒョウが降ってきたし、6月末で伊勢崎市は気温40度を超えているなんて、おかしいですよ。

世界を救うのは物実信仰です

大野　今は本当に大変化の年といわれますね。

小野　今こそ、神道、日本人の本来の心に立ち返ることです。つまり、山も川も大地も木も風も地球も自分だということです。

その自分が悲鳴を上げている、だったらどうするのか？　本来の「いのち」への回帰です。ほとんどの人は、異心自体がどんな心なのかわからないと思います。

自分が考えていることが正しい心のような気がしているのでしょうが、まったく違います。

もちろん論理、合理も大切ですが、そこに「いのち」はありません。この冷たい心は天地に無い心。全部を放念しないとだめなのです。

くり返しますが、だからキリストは「十字架を背負え」と言いました。

「武士道とは死ぬことと見つけたり」もそう。

室町時代の忌部正道《いんべまさみち》は「辞《ことば》を嬰児《えいじ》に仮《か》りて心《こころ》を神聖《しんせい》に求《もと》む」と言いました。

山崎闇斎先生はこの言葉で開眼しました。

大野　純真無垢。

小野　そうです。生まれたままの子どもの心ですね。そこに、実は神々が宿っている。そして**神道は、「戻ることができる」と言っています。**

大野　大本があるんですから、祓えば戻れますね。

小野　そこに戻った時に、あらゆるものが「滅びないいのち」だとわかるのです。

大野　大祓詞を唱えるという非常にシンプルな行為、しかも誰でもできることが鍵になるというのは、ものすごい救いだと思います。

小野　すごいと思います。令和元年に大嘗祭がありましたね。その時、三重県四日市市で講演して、物実《ものざね》信仰について話しました。「神様は、異心を祓うと物から生まれてくる」と。

するとある大学教授が「すばらしいお話です。あらゆるものに『いのち』があるのですね。世界を救うのは唯物論でなく、物実信仰です」とおっしゃってくださいました。

彼は「日本を変革し、救いたいと長年マルクス・レーニン主義を研究してきましたが、最近、唯物論の行き詰まりをすごく感じています。今までは全部が物で対象でした。これでは世界を救えない。鍵は日本の文化にあると、今日確信しました」と。

たぶんそうだと私もずっと感じています。**世界を救うのは物実信仰です。天つ神の御心と一つになって、あらゆる物に「いのち」を見ることです。**

大野　心の中のすべてが神聖だと思えたら、相手も自分だと思ったら、絶対に傷つけることはできないですよね。

小野　そうです。他者だと思うから冷酷になれる。どこまでも際限がない。だから、その文化が行き詰まっているわけです。

だけど論理は否定できません。論理を否定したら、ルールが崩壊します。

「私は悟っているから赤信号で進んでいい」というのは間違い。基本的に社会のルールは守らないといけないけど、それだけでは立ち行かない。

やはり初めからある温かい心がポイントです。これも国会にいたことが勉強になっています。

大野　先生が、まずは政治の世界で日本を変えようと思われた。その意識の構造は、今に本当に生きているなと思います。

小野　結局、国会で気づいたのは、そこはロジックだけの世界だということ。論理的な思考に優れた政治家が有名な政治家になる。問題への取り組み方が、「論理的であるかどうか」という弁護士の世界なんです。論理的に正しければ正しいとされる。これが世界の行き詰まりを生んでいるのです。

さらには、それを実行している本人、論理的にすごい人が、実は自分の心の平安は論理ではないことに気づいている。

大野　「知性」に対して「感情」というものがあって、双方が統合されないといけないですね。

小野　その二つを融合できるのが日本人なんです。

大野　元々、私は英語の世界にいましたが、「心」というものを訳すのは難しいなあと思っていました。英語だと「思考」と「感情」はバラバラですけど、漢字の「想う」には思考の部分と感情の部分の両方入っています。

だから日本人のＤＮＡの中には、初めから知性と感情を統合する力そのものがインストールされていると思います。

小野　あるんですね。ただ、日本人は論理的に説明するのが苦手です。

大野　以心伝心です。

小野　「あのー、そのー、あれが」という話し方ですべて通じてしまいます。

自分の中に世界のすべてがあって、他者もいます

小野　先ほどもお話ししましたが、私は22歳で、岐阜県選出の国会議員の秘書になったでしょう。その先生のために尽くすとなったら全部捨ててしまう。その先生と一つになるんです。

目を見れば、何を求めているか、どこに電話したいか、全部わかる。頭の中には300件ぐらい電話番号が入っている。ただ私だけじゃなくて、昭和52年頃は、秘書はみんなそうでした。その先生のために尽くしていました。

大野　言われなくても？　テレパシーだ！

小野　はい。一緒に出張すれば、先生が朝起きたら、磨いておいたピカピカの靴を「どうぞ」と出すのが当たり前。だって先生は自分だもの。自分の靴は朝、必ず磨くでしょ

う？　他人のものだなんて思ったことがない。

大野　古代の叡智では、「自分の内側に『相手』として表現した場所とつながりなさい」というすごく大事な言葉があります。

なぜなら、**自分の中に世界のすべてがあって、その中に相手がいるから、相手を他者として見ない。**たとえどんないやな相手でも、彼は自分の内側にいるということですね。小野先生はそれを実践されていたんですね。

小野　かつて日本人はほとんどの人がそうだったと思います。それが学校に行き始めるとダメになる。ロジックが出てくるから。

大野　「1足す1は2」になってしまう。

小野　そういうことです。日本仏教界の至宝と言われている山本玄峰《げんぽう》老師は、学校に行っていないでしょう。

だけど、初めからある「いのちと一つ」で生きているんです。何も特殊なことではありません。

大野　本当につながることができたなら、非常にシンプルに、「いのち」と深いところでつながれるんでしょうね。

小野　つながるんじゃなくて、初めからつながっているの。

大野　あ、初めから。

小野　ただ余分なものが自分の中にあるから、それを取り除けばいいんです。祓う。

何か他のすごいものと一つになるわけではありません。

極楽浄土は西方十万億《さいほうじゅうまんおく》土《ど》のかなたにあると説きますが、同時に今ここです。

私たち一人ひとりの心の中にあります。

私たちは、初めからある「いのち」を誰でももらっているんです。どこの学校を出たとかは、まったく関係ありません。

大野　このメッセージを受け取った一人ひとりが、祓えのエネルギーを発信する人になれば、彼らとつながる人たちがまたそれを体得して、広がっていきますね。

小野　今、ここに生きているということ自体がすごいことです。

初めからある「いのち」が自分の中に流れているんだもの。そこに心をいたして、その一点を明らかにすることなんです。

godを神様と訳したから神観念が混乱していますが、**神とはいわゆる私たちの先祖の「いのち」です。**初めからある。天之御中主神様が天地をつくったなんて書いてないでしょう。天地はあったんです、初めから。

この「いのち」と一つで生きていたら、ユダヤ教ともキリスト教ともイスラム教ともケンカにならないですし、日本人はその三者を融合する力を持っているのです。

やれるはずです。

みんなで大祓詞を奏上すればいいではないですか。

大野　「自分が正しい」となると、「ほかは正しくない」となりますよね。

小野　我々日本人は、godが天地をつくったという存在世界の外については発想していないんです。あったんです！　初めから。

だから自分がいるというのは、天地《あめつち》なんです！

祓えは1分おき。悟りの世界は今ここにある

大野　最後にうかがっていいでしょうか。誰かにひどいことをされた時に恨みを持つことがありますよね。「相手を許す」ということは、イコール祓いなのでしょうか？

「許し」について伺いたいと思います。

小野　「来るものは拒まず、去る者は追わず」ではないですが、私は小さい頃からそん

な感じで生きてきたので、そこのところは実はよくわかりません。

私はふだんあまり人の悪口は言わないし、「許す」とか「許さない」とかの二元の世界で考えていないんです。

昔、Kさんという国会議員がいて、陸軍士官学校を出ていて男前で頭もいいのに、当選と落選を繰り返してなかなか大臣になれませんでした。田中角栄先生は、Kさんより年下だったはずですが、つねにトップ当選でした。

それでKさんは、選挙の秘策を伝授してもらおうと、田中先生を訪ねていきました。すると田中先生は「Kくん！　君は人の悪口ばかり言いすぎだ。今日からやめろ」と言ったんです。それが胸に響いてKさんが悪口をやめたら、その後は全部トップ当選です。

大野　角栄さんもすごいです。

小野　田中角栄先生の政治的なことについては、後世の歴史家が判断することでしょうが、私は憂国の政治家だったと思っています。何よりも人の悪口を言わない先生でした。
祓えも同じで、もちろん嫉妬や不信感やいろいろな心が毎日のように出てくるけど、それは本来の自分ではないということです。

ただ、そういう本質的なことを言葉で伝えるのが難しい。

「恨みの心」をどのようにして祓うかではないんです。それは論理の世界です。

すべてを放念する。そうすると、「あるもの」が出てくるからこれを感得する。

なんといっても、そちらが先です。

人生はいろいろあるけれど、ひとたび大祓詞を奏上すると祓われてしまいます。

だけどまた異心が出てくる、また祓う。

だから歓喜の世界は1分おき、5分おき、10分おきの世界なんです。

大野　1分おきっていいですね。

小野　ええ、一生に1回なんてあるはずがないです。

私は35歳で学生になって、36か37歳の時に神道学会で発表しました。

伊邪那岐神様が黄泉の国から帰ってきて、徹底して禊《みそぎ》を行うことによって、神様が次から次へと生まれる。大歓喜の世界から天照大御神様、月読命、須佐之男命が生まれてくる。伊邪那岐神様が何度も自身の異心を祓うことによって、神々が生まれる。そんなことを話したら、国立大の偉い先生が、「小野さん、悟りは1回だよ」とおっしゃった。「ああ、申し訳ないけど、この偉い先生はわかっていない」と思いました。それは、悟りをここではない、ほかの世界に見ているのでしょう。とんでもない。**初めから地球と自分は一つ。大宇宙とも自分は一つ。**だからすっと心を鎮めれば、地球も入ってくる、太陽も入ってくるでしょう。黒住教の黒住宗忠公も、朝拝んでいたら、あーっと口を開けたところへ太陽が入ってきた。これは特殊なことではないですよ。

大野　太陽が口に入ってきて、病気がすべて祓われたのですよね。

小野　天照大御神様と一つになったといいます。しかし、みんな初めからそうなんです。それがここに生きているということ。それを来世に見てしまうから、迷いが出てくる。その見方をやめることなんです。あらゆる迷いは全部自分がつくっているのです。

「自分の中の平安」を取り戻したら、世界は平和になります

小野　大野先生がおっしゃっているように、すべては自分の中にあるのです。宇宙も地球もそうだし、人類の危急存亡の時に救うか救わないかも自分しだいです。

他国に行って平和を説くのではなくて、自分の異心を祓って、自分の中の平安を取り戻すことが大切です。それが世界平和。

大野　本当に、多くの方が「自分の中の平安」を取り戻したら、絶対、世界は平和になりますね。

小野　そうなんです。人も大地も、あらゆるものが全部つながっているんだもの。

切り離された個人というのが存在するはずがないでしょう。自分だけの空気があってそれぞれ違うとか、そんなことになっていません。

それを物語で伝えているのが『古事記』です。『日本書紀』はやはり国史です。本論があって異説も全部載せています。『古事記』はそうでなく一つの物語として滅びない「いのち」（天つ神）を伝えています。

何よりも神社の祭りは、ご神霊（いのち）は滅びないという絶対の確信があるから執り行われています。言い換えれば、**私たちの「いのち」は絶対に滅《ほろ》びないことを証明しているのが神社です。**

神様は見えるんです、初めから。どうして見えるかというと、自分の中にいるからです。だから祝詞は「祓え申す清め申す」が正しいのです。

大野　はい。

小野　日本の国はこれを神代から守ってきた歴史があるでしょう。風雪に耐えてきたというのは、本物ということです。神代からずっと天壌無窮の神勅を守ってきたのです。

天地は無窮で、初めからある。だから人類が滅びようとしているなら、天壌無窮《てんじょうむきゅう》の神勅に心を合わせたら全部解決する。

大野　心の御柱を建てること。

小野　だから天つ神、初めからある「いのち」、これが今ほど求められている時はないと思います。

大野　また異常気象もあるでしょうし、地震も増えているし、今こそでしょうね。

小野　異常気象で終わるならいいけれど、今回のウクライナの問題は東アジアに波及すると思います。どうしてかというと、1万年前から同じことをやっているわけです。

結局、地政学を見たら当たり前のことなんです。

だから、日本人が、本来の日本人の「こころ」をしっかり取り戻して世界に発信する、それぞれの持ち場で発信することがきわめて重大だと思いますね。

大野　この問題は欧州にも波及する可能性があるといわれていますね。

小野　日本の文化の本質が問われていると思います。あらゆるものが他者ではないのだから、日本の問題です。ロシアも中国も動くでしょう。台湾でも何かある可能性は高いと思うし、そうなると尖閣、沖縄にも影響するでしょう。

その時に日本はどうしますか？

私は神社が「最後の砦」だと思っています。ここが駐屯地です。

神主は国を守る自衛官です。神代から滅びない「いのち」を守ってきたんだもの。

どんなことがあっても国を守る、そう思っています。

大野　大祓詞の聖地であるこの基地から、祓えを世界に発信しましょう！

渋川八幡宮を宇宙ステーションに！

小野　以前、ＪＡＸＡ（宇宙航空研究開発機構）の宇宙ステーション事業の責任者だった上野精一先生とお会いして話をしたら、「私も大祓詞の重要性をすごく感じている。今後一緒に活動したい。ぜひ、宇宙ステーションから大祓詞を地球に向けて奏上するプロジェクトをやりましょう」と言われて、びっくりしてしまいました。

「そんなことできるんですか？」と聞いたら、「できます」とおっしゃるんです。

「科学者も同じ思いです」と。

大野　それは今、その可能性が？

小野　上野先生は宇宙ステーションの責任者でしたから、やろうと思えばできたでしょう。でもそれには多くの人たちのエネルギーが必要で、何よりもその前に上野先生が亡くなられてしまった。

その話があった後、上野先生と私で講演会をすることになって、國學院大にかなり人が集まりました。ただし、その頃には上野先生の具合がだいぶ悪くなってしまっていて、講演には奥様（上野敦子先生）が来られました。

その時も涙、涙でした。小惑星探査機ハヤブサの帰還を映像で見せてくれたんです。ハヤブサが大気圏に突入すると燃え尽きて死んでしまうのでしょう。すると画面から涙が出てくる。

欧米人なら単なる水滴、物理学の現象と見ますが、日本人はそれを涙と見る。見ながハヤブサとの別れに涙を流します。日本人には物理現象以上のものが見えるのです。「あはれ」を見る、情を見るんです。これはたまらないですね。

大野　私もハヤブサには完全に感情移入していました。

ハヤブサの意識さえ感じました。

小野　その後令和元年6月に上野先生が亡くなられて、宇宙ステーションの話はなくなって、私も湯島天満宮から渋川八幡宮へ来ましたが、「ああ、宇宙ステーションは渋川八幡宮だ」と思いました。ここから世界に発信すればいい。

神代からずっと守ってきた滅びない「いのち」を守っていく。これが天壌無窮の神勅なんです。「皇御孫命《すめみまのみこと》（邇邇芸命《ににぎのみこと》）」というのは、「今上陛下」ということ。だからこれは今にかかる神勅です。中今《なかいま》なんです。理屈ではありません。我々も、天皇陛下と同じようにこれを守るのです。ただその存在をわかっている人が今は極めて少なくなっているから、それを伝えていく。

東京で話すよりも、渋川で話したほうが、ご年配の方などは感ずる人が出てきます。素直な心があればいいだけですから。

今朝も、あるおばあちゃんに「大祓詞ってすごくよい祝詞ですね」と言われました。嬉しかったですね。朝掃除していると、そういう人がたくさん見えます。だから私は変わるような気がしています。

大野　必ず変わります。純粋な意図さえあれば、私たちはそれほどパワフルな存在なんです。渋川八幡宮を宇宙ステーションにしましょう。

小野　何でもそうなんですが、予感というのが必要です。選挙でもまったく当選の見込みのない泡沫候補では、チャレンジしてもしかたない。

大野　先生は先を見通していらっしゃるというか、それがヴィジョンなのではないでしょうか。

小野　つながると思います。私が生きている間に成らなくても、必ず次の人がやってくれるでしょう。同じ道に生きているから。

それが楠木正成公の「七度《たび》生まれ変わって国のために殉ずる」ということです。

同じ「いのち」、違う人じゃなくて同じ人なんです。

大野　「同じチーム」ではなくて「同じ人」。

小野　天之御中主神様、天照大御神様がしているんです。同じ「いのち」。だから天つ神なんです。これを我々の先祖はわかっていました。

だけど今は「自我が自分」だと思うから、「生きている間に個性ある生き方をしましょう」などとなってしまいますけど、それは違います。異心だから。やってみるのはかまわないけど、それだけでは満足できないはずです。

本当のアーティストの命題は、やはり祓った奥にあるものです。無尽蔵の世界だもの。それが数式にも出てくるし、絵にも出てくるのです。

たぶん藤井五冠はそれが将棋に出ているんでしょう。だから彼はこれからが大変です。いろいろな誘惑があるでしょう。それを全部祓って祓って進んでいただきたいと思っています。

大野　「1分ごとに祓え」ですね。

小野　そうです。もし藤井五冠を知っている人がいたら、大祓詞を伝えてほしいです。柔道家だって横綱だってそう。みんな孤独です、一人だから。だけどその一人が天照大御神様、天御中主神様だということを表しているのが、この大祓詞なんです。

全国8万の神社が祭りを行っていて、神代と今がまったく一つ。こんな国はないです。本当は、『古事記』の話をもっとしようと思っていたんですが……。

大野　いえもう、すばらしいお話ばかりで。

小野　私自身、今まで本当にいろいろな出会いがあり、不思議なこともありました。だけど要は自分の力じゃないということです。教えていただいたり導かれたり、全部まわりのおかげです。

大国主神様が最終的に国を平定した時に、心神が、天つ神が来て、「私がいたからできたのだ」と言った。これはもう、わかる人が見たらたまらない。「そうだ、私の中のあなただ」と。どうしても成功すると「俺が」という心が出てくる。

建御雷之男神《たけみかづちのをのかみ》様が、建御名方神《たけみなかたのかみ》様と対決するでしょう。建御名方神様は千人力ですよ。天才の天才の天才。だけど、建御雷之男神様は剣を逆さに突き立てて、その上に座る神様です。千人二千人力どころじゃない。天つ神そのもの。だから、建御名方神様は諏訪で祓われるんです。
そして、建御名方神様は諏訪湖の湖畔にご鎮座され、皇統守護《こうとうしゅご》の任に就かれて、今もってわが国を守っておられます。ここです。あらゆることにおいて、天つ神の「いのち」がポイントなんです、
そしてそれが全部、自分の中に与えられているのです。だからありがたい。
大野先生はすばらしい。立てば芍薬《しゃくやく》座れば牡丹《ぼたん》、歩く姿は大野百合子先生。

大野　（爆笑）

小野　それはどうしてかというと、「心神」がわかるから。

大野　うわぁ光栄です。もっといろんなお話を伺いたかったのですが、あっという間でした。本当にありがとうございました。

小野善一郎（おの ぜんいちろう）

福島県に生まれる。國學院大學大学院文学研究科神道学専攻博士課程後期修了。

渋川八幡宮宮司。伊香保神社宮司。

國學院大學大学兼任講師。公益財団法人日本文化興隆財団講師。博士（神道学）。

神社本庁の関係団体である公益財団法人日本文化興隆財団ほか、多くの講座やセミナーなどで古事記、神道関連講座の講師を務める。

著書に『伊勢神道思想の形成』（私家版）、『古事記の「こころ」』（青林堂）、『日本を元気にする古事記のこころ』（青林堂）、『あなたを幸せにする大祓詞』（青林堂）、『書き込み式祝詞練習帳』（扶桑社）、『新嘗の「こころ」』（青林堂）、『大祓詞３週間ペン字練習帳』（主婦の友社）、『大嘗祭のこころ』（青林堂）。監修『神社語辞典』（誠文堂新光社）などがある。

大野百合子（おおの ゆりこ）

『日本の神様カード』『日本の神託カード』著者。催眠統合療法家。

心理学、精神世界などの通訳、翻訳を通して、統合療法のセラピストとなる。

神秘家で哲学博士のゲリー・ボーネル氏に師事、ボディ、マインド、スピリットの統合を目指して、古代の叡智や心身の仕組みを伝えている。また、教派神道講師の資格を持ち、古神道に伝わる神人合一の叡智を伝える「和の叡智講座」や催眠療法等のセミナーを開催している。

著書に『レムリア＆古神道の魔法で面白いほど願いはかなう！』『そうだ 魔法使いになろう！ 望む豊かさを手に入れる』（吉本ばなな氏との共著、ともに徳間書店）、『日本の女神たちの言霊』（青林堂）等、訳書に『叡智の道』（ゲリー・ボーネル著、ヒカルランド）など多数ある。漫画『スピリチュアルかあさん』（大野舞著、KADOKAWA／メディアファクトリー）シリーズのモデルでもある。アイユニティ主宰。

◆大野百合子公式サイト／アイユニティ　http://www.ohnoyuriko.com/
◆ブログ　https://ameblo.jp/iunityyuri/

日本最強の言霊　大祓詞
すべてがうまくいく！　魔法の言葉

第1刷　2022年11月30日
第2刷　2024年 3 月30日

著　者　大野百合子
　　　　小野善一郎
発行者　小宮英行
発行所　株式会社徳間書店
〒141-8202　東京都品川区上大崎3-1-1
目黒セントラルスクエア
電　話　編集(03)5403-4344／販売(049)293-5521
振　替　00140-0-44392

印刷・製本　大日本印刷株式会社

ISBN978-4-19-865557-0

小野善一郎氏と大野百合子氏の

大祓詞奏上

アドレス＆QRコード

小野善一郎——宇宙の音とともに

大野百合子——屋久島の波の音とともに

パソコン、スマートフォン等で
お聞きいただくこともできます。
ダウンロードには十分なインターネット環境が必要です。
なお、インターネット環境は
お客様ご自身でご用意ください。
接続、ダウンロードに関するお問い合わせは
お受けしておりません。

このCDは深い瞑想状態を意図していますので
車の運転等危険を伴う作業時には
絶対に聴かないようにしてください。

http://tokuma-sp.moo.jp/oharae_no_kotoba/audio/